„Pavarotti auf Helgoland"

Inhaltsverzeichnis

0. Vorwort
1. Nusstorten-Alarm
2. Granini-Hotel
3. Frauenglück
4. König von Afrika
5. Mit ohne Sahne
6. Sommerpause
7. Happy Birthday lieber Kellner
8. Duftallergie
9. Biologisch Denken
10. Bohrinselglück
11. Storno-Einstein
12. Dr. No reist an
13. Pavarotti auf Helgoland

Zusatz:
Die genannten Namen, Orte und Zeiten sind vom Originalerlebnis stark verfremdet und Ähnlichkeiten mit lebenden Personen, Organisationen und Orten reiner Zufall.

Herstellung und Verlag:
BoD - Books on Demand, Norderstedt
ISBN 978-3-7357-6188-0

Dienstleistungsvorwort

Tief sind unsere Einblicke und weit sind unsere Wege. Bunt ist unser Alltag und friedvoll unser Leben. Reizvoll sind unsere Mitmenschen und geistreich unsere Gespräche. Interessant sind unsere Aufgaben und herausfordernd deren Lösung. Klar sind unsere Anliegen und transparent ist unsere Kommunikation.
Willkommen in der Traumwelt eines jeden Menschen, der sich im Dienstleistungssektor eines Call Centers, des Tourismus oder der Gastronomie bewegt. Gewünschter Zustand 100 Prozent - Realität gleich Null.

Es ist atemberaubend was der Mensch als Konsument, Tourist, Kulturinteressierter und Hungriger an Verhaltenszuständen erreichen kann. Rationales Verhalten weicht auf und schafft Platz für eine neue Dimension des Handelns. Alles noch vertretbar ... bis hierhin!
Schließlich darf ja jeder selbst entscheiden, welches Verhalten er zeigen möchte. Doch dass sich manch ein Mensch mit seinem seltsamen Verhalten in seine soziale Umwelt begibt, dass kann vom lieben Gott nicht so geplant gewesen sein.

Außer der liebe Gott war so gefrustet von all seinen Versuchen uns als vernünftig handelnde Menschen zu gestalten, dass er aufgab und dachte „macht doch da unten was Ihr wollt!"
Seine Versuche blieben dann wohl auf einer Art evolutionären Ebene stecken. Das was übrig blieb bezeichnen wir heute hochtrabend als Homo oeconomicus.
Oder für uns normal Sterbliche – als Konsument.

Ihm gegenüber steht der viel gepriesene Dienstleister. Eine abgewandelte Form des eigentlichen Konsumenten, der irgendwann entdeckt hat, dass sich mit Konsumenten Geld verdienen lässt.
Doch die damit verbundene Tortur muss dem ersten Dienstleister nicht bewusst gewesen sein, in seinem Plan „reich" zu werden. Und somit vermehrten sich beide Arten gleichermaßen schnell und treffen in der Gegenwart in allen erdenklichen Konstellationen aufeinander. Im Supermarkt, in der Boutique, im Urlaub und im Restaurant.
Eine weit verbreitete Flut von Dienstleistern arbeitet sich dabei fast schwindelig im Bereich der Service-Hotlines, Restaurants, Cafés und Tourismuseinrichtungen rund um unseren Erdball und

trifft dabei immer wieder auf eine ganz besondere Art des Konsumenten.

Liebevoll nennt der Dienstleister ihn „Trottel", wobei der es oft auch ernsthaft so empfindet.

Renate K. aus H, ihres Zeichens Call Center Agentin formulierte es nach ihrem hundertsten Telefonat zum Thema „Wo fahren bei Ihnen die Züge ab?" einmal als „Homo touristicus dämmlicus".

Es ist schon eine herausfordernde Konsumwelt da draußen. Viele unzufriedene Konsumenten sind schnell dabei mit Aussagen wie „So schwer, kann das doch nicht sein" oder „Man muss sich natürlich schon auskennen und auf den Kunden eingehen".

Wenn man aber auf der gleichen Seite wie Renate K. aus H. steht, die mit all ihren zigtausend Kollegen an den Telefonen, Computern und Helpdesks, Restauranttheken und Rezeptionen der Nation alles ihnen Mögliche versucht, um Konsumenten zu helfen, dann sollte bei diesen auch ein Verständnis entstehen. Verständnis für einen unstillbaren Überlebenswillen und den existierenden Glauben an das Gute im Menschen. Denn nur so bleibt die Selbstmordrate von Dienstleistern niedriger als zu erwarten wäre. Glauben Sie es oder glauben Sie es nicht, Sie werden es lesen.

Waren Sie jemals in der Servicehölle tätig? Haben Sie jemals erlebt, wenn in ihrem Kopf ein Schrei der Verzweiflung entsteht, der nicht raus kann, weil Sie Dienstleister sind und davon leben Konsumenten zu bedienen?

Nein? Dann probieren Sie einen der vielen Jobs aus, welche die Annoncenwelt der Gazetten füllen und steigen Sie ein in das Überlebenstraining der modernen Globalisierungswelt. Nur für einen Monat, wenn Sie Ihr Leben lieben und für länger, wenn Sie Grenzerfahrungen brauchen.

Wozu Bungeejumping, Drachenspringen oder Freeclimbing, wenn Sie den Kick auch in einem vermeintlich einfachen Kundentelefonat oder Gastgespräch haben können?

Steigen Sie ein in die Achterbahn der Dienstleistung und genießen Sie die realen Fälle der Menschen, die den Wahnsinn täglich erleben oder als Veteran überlebt haben.

Von diesen Begegnungen und den dazu gehörigen Wirren handeln die folgenden Kapitel.

Viel Spaß in der Servicewelt Deutschland!

1. Nusstorten-Alarm

Diese Form des Dienstleistungs-Konsumenten-Duells gehört zu den Klassikern in der Gastroszene. Es ist der Burner auf jeder im März nachgeholten Weihnachtsfeier. Ja, Dienstleister feiern Weihnachten nach, da Sie Weihnachten ja für uns Dienstleisten. Und zwar feiern sie dann, wenn der Konsument satt ist und ein sogenanntes „Umsatzloch" entsteht. Natürlich feiern Dienstleister auch in der Gastronomie, aber mit dem Chef als eingeladene Selbstzahler bei der Konkurrenz. Schließlich hat der eigene Laden ja zu und außerdem gibt es für den Chef noch Prozente auf die Getränkerunde, die er ausgibt. Ein gutes Jahr mit hohem Umsatz will gebührend begossen werden. Seltsames Vorgehen sagen Sie? Mit Nichten. Willkommen in der Dienstleistungswelt von Nahrung, Genuss und Gasstätten.

Stellen Sie sich folgende Situation vor. Stellvertretend von Julian S. aus W. durchlebt und von einer Armee Seniorenkonsumenten über Deutschland verteilt in täglicher Gleichmut gelebt.

Ein schöner Julitag in W. und Julian S. ist gut gelaunt in seiner Uniform eines Kellners im Dienst. Er hat sein „Revier" draußen im Biergarten, hinten links unter den großen Linden. Revier, so heißen im Fachjargon die Bereiche, die dem Kellner zugeteilt werden und in denen er wie in einem unsichtbaren Käfig die Wünsche der Gäste über Stunden befriedigen muss - ohne seine eigenen berücksichtigen zu können. Sein Revier ist für 15:30 h komplett reserviert, da Julian S. heute das unverschämte Glück hat eine Busgesellschaft Senioren auf der Durchreise mit Kaffee und Kuchen zu versorgen.

Auch wenn keine Wolke am Himmel die Sonne verfinstert, das Gemüt von Julian S. zieht sich langsam zu, da er aus Erfahrung weiß, dass gleich ein höllengleiches Gewitter über ihn hereinbricht. Es wird wie immer eine einzige Arbeitsstunde (Lebens-) kosten, sich danach aber anfühlt als ob ihn der Bus in voller Fahrt gestreift hätte und er schlagartig um ein Jahrzehnt gealtert wäre.

Der Bus kommt. Julian S. steht parat, um seine heutigen Gäste im Revier zu begrüßen. Ohne ihn zu beachten donnert die Armada Rentner an ihm vorbei, um an der reservierten Kaffeetafel den bestmöglichen Platz zu ergattern. Bestmöglichst bedeutet in diesem

Fall drei Dinge. 1. als Erster bedient zu werden. 2. einen kurzen Weg zur Toilette zu haben. Und 3. dabei nicht neben der schwerhörigen Busnachbarin zu sitzen.

Julian nimmt die kaum erwiderte Begrüßung nicht persönlich, denn er ist ja durch seine Professionalität gewappnet. Schließlich ist dieses nicht seine erste Gruppe „Helmträger". Helmträger sind für Julian S. die älteren Damen, die ihre Mützen und Hüte bei jedem Wetter und jeder Raumtemperatur vehement aufbehalten. Plötzlich erreicht ihn ein flottes, im vorbeigehen geschmettertes „Junger Mann, ein Kännchen Kaffee für mich und nicht zu stark" einer älteren Dame. Julian S. kontert diese angehende Kommunikation gekonnt mit einem freundlichen „Ich nehme Ihre Bestellung gleich am Tisch auf".

Und dann, keine Minute später, bricht die erwartete Hölle tatsächlich los. Denn die Aufnahme der Bestellung durch Julian S. ist dran.
Beispielhaft soll hier nur eines der vielen sich gleichenden Gespräche dienen, die Julian S. führen muss und versucht mit Bravur im Dienstleistungsgedanken umzusetzen.

„Was darf ich Ihnen Schönes bringen?"

„Ein Kännchen Kaffee. Nicht zu heiß und bitte nicht so stark."

„Gerne!"

„Oder haben Sie Entkoffeinierten?"

„Ja, haben wir. Aber nur in löslicher Form, wenn das für Sie in Ordnung ist?"

„Oh, mein Gott! Nein! Womöglich noch für den gleichen Preis wie den normalen Kaffee!"

„Die Preise sind in der Tat identisch."

„Nein, nein!" Normalen Bohnenkaffee, frisch gebrüht und nicht so stark."

„In Ordnung."

„Und ein Stück Kuchen bitte!"

„Welches hätten Sie gern? Wir haben heute frischen Blaubeerkuchen, Erdbeersahnetorte, saftigen Marmorkuchen und gemischten Obstboden, sowie kleine Mokka-Mandel-Törtchen."

„Haben Sie Nusstorte?"

In diesem Moment fängt ein imaginärer Regen im erwarteten Gewitter der laufenden Kommunikation zwischen gastronomischen Dienstleister und Gast über Julian S. an zu fallen. Dieser gefühlte Schauer wird erst wieder aufhören, wenn sich der Gast vollends entladen hat. Nur Julian S. wird wie ein Blitzableiter auf weitem Feld stehen und als begossener Pudel später an sich und der Welt zweifeln.

„Nein, wir haben nur die Sorten im Angebot, die ich Ihnen gerade aufgezählt habe."
„Welche waren das doch gleich?"
„Das waren: Blaubeerkuchen, Erdbeersahnetorte, Marmorkuchen und gemischten Obstboden, sowie Mokka-Mandel-Törtchen."

Der Ton von Julian S. ist jetzt schon etwas fester und der Blick wandert über die ungeduldig wartenden Senioren an der Kaffeetafel, die grimmig und mit dem Gefühl der Vernachlässigung auf die Uhr schauen.

„Und Sie sind sicher, dass Sie keine Nusstorte haben?"
„Ja, ganz sicher. Wir haben keine Nusstorte im Angebot. Aber nehmen Sie doch ein Mokka-Mandel-Törtchen, dann hätten Sie etwas mit Nussgeschmack."

Ein guter Dienstleister wie Julian S. hat immer eine Alternative parat. Aber ein Gast, wie die Seniorin, hat auch immer schon einen unbeirrt, im Bus festgelegten

Weg zur Erlangung Ihres Bedürfnisses nach Nusstorte im Gesprächsgepäck.

„Nein, Mokka ist immer so herb und macht Verstopfung. Wie waren noch die anderen sieben Sorten?"

Abgeschmetterte Alternativen sind ein Leichtes für unseren geschulten Julian S. Noch verharrt ein Lächeln auf seinen Lippen, allerdings wirkt es gemeißelt, denn die Zornesfalte will nicht recht dazu passen. Zum imaginären Regen gesellt sich jetzt ein imaginärer Donner.

„Es waren fünf! Lediglich fünf Sorten zählte ich auf!"
„Ja, und? Nun sagen Sie schon. Die anderen wollen auch noch bestellen!"

Hier wendet sich das Blatt eindeutig und keiner außer Julian S. merkt diesen Fehler im Bild der Kommunikation. Somit ist Julian S. jetzt an dem schleppenden Vorankommen der Bestellungsaufnahme schuld. Dichter Regen und fast hörbares Donnergrollen.

„Blaubeerkuchen, Erdbeersahnetorte, Marmorkuchen, gemischten Obstboden, Mokka-Mandel-Törtchen! Und nichts anderes!"

„Hmmm….."

„Was darf es also sein?"

„ Nein, die Blaubeeren sind bestimmt aus Polen, Erdbeerzeit ist ja auch langsam vorbei, drögen Marmorkuchen vertrage ich nicht so gut. Was für Früchte sind denn auf Ihrem Obstkuchen?"

Eine Klärung detaillierter Produktfragen scheut ein Fachmann des Dienstgewerbes nicht und hat auch einen wirksamen Verkaufsspruch bereit. Ein Abschluss könnte damit klar in Sicht geraten, wenn da nicht diese Gewitter-Ziege sitzen würde, die über Gedeih und Verderb der Bestellung und damit über Julian S. als Dienstleister entscheidet.

„Der lockere Obstboden ist hausgemacht und mit Beeren, sowie anderen heimischen Früchten der Region belegt. Eine leichte Vanillecreme rundet den Geschmack ab."

„Ach herrje! So ein Vanillepuddingpamps. Nein, nein! Lieber was Vernünftiges wie Nusstorte. Gibt es denn nichts anderes?"

Jetzt bricht die Hölle über Julian S. erst richtig los. Blitze zucken. Der imaginäre Regen wird zum undurchdringlichen Schleier.

Die Zornesfalte, die auf dem Weg war eine unendlich tiefe Felsspalte zu werden weicht nun einer zum Staunen zusammengezogenen Stirn und ein paar fragenden Augen, die Hilfe suchend nach Verstand in der Seniorin suchen.

„NEIN! Es gibt nichts anderes und nun entscheiden Sie sich bitte!"
„Gott, nun werden Sie doch nicht gleich ungehalten. Also wirklich! Man wird doch noch nach dem Angebot fragen und in Ruhe auswählen dürfen."
„Wie bitte? Ich habe Ihnen mehrfach alle Sorten genannt."
„Also so unter Druck kann ich mich nicht entscheiden. Fragen Sie doch erst einmal die anderen Damen und kommen Sie dann noch mal wieder."

Abgeschmettert, verloren und gerichtet. Das Urteil der älteren Dame geht zu Lasten des Kellners, der ringsum von den wartenden Seniorinnen nur Kopfschütteln und Unverständnis erntet.

Das Gewitter scheint vorbei zu sein, aber der Schaden bleibt auf Seiten des bemühten Dienstleisters Julian S. und schlägt dort eine tiefe Kerbe in den Servicegedanken des jungen Mannes. Doch da rollt auch schon die nächste der noch offenen neunzehn Gewitterfronten ran.

„Habe ich das gerade richtig gehört, junger Mann? Sie haben Nusstorte?"

Geübte Kellner unserer Nation kommen ohne Schaden bis Gespräch Nummer 10. Es soll im Schwarzwald sogar einen Fall gegeben haben, wo es eine Kellnerin bis zum allerletzten Senioren in Einzelberatung durchgehalten hat. Allerdings munkeln einige Dienstleister immer wieder gehässig, dass sie sich einen Tag vorher Nusstorte besorgt hatte.

Auch andere Busladungen voll Reisender erobern Tag für Tag andere Lokalitäten an der Ausflugsfront. Das es sich dabei nicht jedes Mal um Kuchen drehen muss und auch nicht immer nur um die Befriedigung von Gelüsten geht, zeigt die weit verbreitete Taktik von Gästen, von der Gerda G. aus Z. alpträumt. Die erfahrene Hotelfachfrau bedient seit drei Jahrzehnten Gäste jeglicher Art zu allen Essenszeiten.

Gern versuchen es bei ihr immer wieder Gäste Gründe zu finden, die Gerda G. nicht nur an den Rand der Verzweiflung bringen, sondern auch gegenüber ihrem Chef in eine Art Grauzone der vorgegeben Umsatzziele rutschen lassen, da sie Gerda G. klar vom Umsatz fernhalten und mit einer ausgebufften „Umsonst-Erweiterungs-Strategie" auf Kosten der Dienstleistenden Person arbeiten.

Gerda G. kennt diese Versuche zur Genüge und kann sich sogar bei nicht all zu großem Stress auf dieses „Duell" mit Ihren Gästen einlassen. Weiß sie doch wohin die Lügen Ihrer Gäste führen. Allerdings staunt sie manchmal nicht schlecht, was die Gäste immer wieder unter „Dienst leisten" verstehen und das bestimmte Begriffe, wie Hamstern, Umsonst-Verzehren, Gratis, Schenken und Betrügen ohne mit der Wimper zu zucken in eine Bestellung eingeschleust werden.

Würde Gerda G. das versuchen, was ihre Gäste versuchen, würde es sie in die „Servicewüste Deutschland" katapultieren und dazu auch noch zu einer negativen Weiterempfehlung führen. Für ihre Gäste gilt dieses nicht. Denn es gibt ja keine Kundenwüste Deutschland. Auch wenn Gerda G. dort gerne so manchen Gast „König" hinschicken würde.

Wie wir bekanntlich wissen und als Kunde erwarten verbindet die Bestellung einer Tasse Kaffee oder der aussterbenden Kännchen-Variante sich automatisch mit dem kostenfreien Angebot von Milch und Zucker, sowie dem für eine Person nötigen Equipment zum Genießen des Heißgetränkes in angenehmer Atmosphäre.
Dafür zahlen Kunden ja auch einen angemessenen Preis. Doch die Erwartungen einiger Zeitgenossen gehen über den inzwischen obligatorischen Keks und die eventuelle kleine Schokolade, die Zuckerauswahl, den Süßstoff, die Milchwahl und die zu wählende Kaffeestärke hinaus.

Da wird Milch geordert, die für eine gesamte Garnison reichen würde, um die eigene Tasse Kaffee solange zu verlängern bis auch im Schneeweiß der leeren Tasse noch Kaffee identifiziert wird, um einer Neubestellung aus dem Weg zu gehen. Somit lässt sich kostengünstig ein verregneter Nachmittag gemütlich, aber günstig im Café überbrücken.

Die Bestellung einer zweiten leeren Tasse zum bestellten Kännchen Tee, das angeblich viel zu viel für die bestellende Person ist und somit geteilt werden muss, ist der vehement abgestrittene Versuch Kosten zu sparen und dafür zwei Plätze im Café zu belegen.

Erfahrene Konsumenten der Gastronomie lassen sich zu ihrem glasklaren Teebeutel-Tee noch ein Kännchen heißes Wasser servieren. Schließlich ist die Servicekraft daran schuld, dass der Tee zu stark geraten ist und man sonst nicht schlafen könne. Wird diese Variante des Konsum-Sparens von Gerda G. höflich abgelehnt und als Grund ein ausfallender Verdienst genannt, dann ist sie entweder unhöflich oder zur Not die Bundeskanzlerin mit ihrer Sparpolitik daran schuld. Allerdings definitiv nie der unverschämt wirkende Kunde selbst, der schließlich nur um ein klein wenig Heißwasser gebeten hat, um sein Herz und nebenbei unausgesprochener Weise seinen Geldbeutel auf Kosten der Gastronomie zu schonen.

Eine weitere über Jahrzehnte verbreitete Variante war das nun doch aussterbende Zuckerwürfel-Sammeln. Angeblich macht es keiner, aber zu Mc Donalds geht angeblich auch keiner und trotzdem ist es ein Milliardenunternehmen geworden. Und so wird es einer Selbstverständlichkeit zugeschrieben, dass der Gastronom, serviceorientiert wie er sein soll, tatenlos zuschaut wie die Zuckerwürfelmafia in der Gästestruktur kalt lächelnd die Brocken in der Handtasche verschwinden lässt, um im Winter den Grog zu süßen. Denn dazu scheint der hauseigene Streuzucker nicht geeignet. Oder aber die Menschen verlieren mit heißem Alkohol das Maß der Dinge und zählen somit lieber 1, 2, 3!

Immer wieder wird der Dienstleistende Gastronom aber auch zum Gemischtwarenladen mit Selbstbedienungscharakter ohne Kassenzone. Das hier im Servicegedanken der Gastronomen und Hoteliers nicht klar eingeordnet ist, dass Aschenbecher, Zahnstocher, Vasen, Telefone und Besteck, sowie Teile des Mobiliars und Handtücher zur kostenfreien Heimnutzung gedacht sind und bezogen werden können, macht sie tatsächlich zu Insassen der Servicewüste. Böses Deutschland!

Eine ganz andere Seite der Dienstleistung erfahren Menschen wie Gerda G. allerdings von der Masse Gast, wenn es darum geht nach der Bestellung gar nicht erst das Servieren der gewünschten Ware abzuwarten, sondern schon im Vorfeld den Preis zu entrichten. Natürlich ohne die Gabe von Trinkgeld, da ja noch keine Dienstleistung im Dienstleistungssinne des Kunden stattgefunden hat.

Kluge Gäste nutzen natürlich hier einen vorgetäuschten Zeitdruck als Grund. Aussagen wie „Ich muss dann schnell los" oder „ Ich kann dann jederzeit gehen" spiegeln Dienstleistern enge Zeitfenster vor, die sich dann beim Erhalt der schon bezahlten Ware plötzlich in Luft auflösen. Gäste bleiben dann oft doppelt so lange sitzen. Zumal das gesparte Trinkgeld schon wieder einen Bruchteil des nächsten Kaffees ausmacht, der dann geordert wird, wenn es im Tagesgeschehen dummerweise immer am knappsten an leeren Plätzen ist.

Gastronomen dieser Welt, Ihr habt eben noch nicht verstanden, worauf es bei echter Dienstleistung ankommt.

2. Granini-Hotel

Ein Zwiespalt im Otto-Normal-Verbraucher stellen Call-Center dar. Es nervt uns, wenn wir von einem solchen kontaktiert werden, aber wir nutzen es mit Hingabe, wenn wir in Not sind.
Etwas das wir nur zu gern dabei vergessen ist, dass auf der anderen Seite Menschen sitzen, die damit ihr Geld sauer verdienen müssen. Es zählt nur unsere Hilflosigkeit und Ratlosigkeit, wenn wir oft schon mit dickem Hals die Nummer wählen und dann richtig auf 180 kommen, wenn wir entscheiden müssen, ob wir die 1 für angehende Buchungen, die 2 für Fragen zum Stand unserer Buchung, oder 3 aktuelle Informationen haben möchten. Da uns meistens ein ganz anderes Problem unter den Fingernägeln brennt und wir mit der Wahl einer Nummer zögern, leitet uns die liebliche Ansagestimme in Kanal 4 – den Operator. Oder schnöder gesagt, an den armen Hund auf der anderen Seite der Leitung, der Dienstleistung am Fließband so liefern muss, dass wir als Anrufer das Gefühl haben, wir sind die einzige Person am Mittwochnachmittag in einer Großstadt, die zum Hörer gegriffen hat und er

sich darüber freut, dass wir jetzt Zeit mit ihm verbringen.

Diese Hochleistungsdienstleister sitzen überall. Aber vor allem in Großraumbüros, in denen mehrere Hotlines zusammenlaufen und sie diverse Begrüßungsformeln verschiedener Produktlinien oder gar verschiedener Firmen sofort beim ersten Klingeln liefern müssen. Und zwar alle paar Minuten neu. Hintereinander weg. Annehmen – Kunden beraten – Auflegen – Annehmen – Reklamation behandeln – Auflegen – Annehmen… usw.
8 Stunden Dauerfeuer. Nur die Mittagspause bremst sie aus. Und das rund ums Jahr. Machen sie sich das einmal bewusst.
Stellen Sie sich vor Ihr Telefon würde ein Jahr lang jeden Tag alle 2-3 Minuten klingeln und immer wäre jemand Fremdes dran, der Sie mit seinen Sorgen, seinem Ärger und Frust überschüttet. Wäre das nicht wunderbar? Wollen Sie da nicht sofort Ihren Job an den Nagel hängen und auch dabei sein, wenn die Servicesuchende Welt durch den Hörer in Ihren Kopf eindringt? Wenn Sie nicht helfen können, weil Sie der falsche Ansprechpartner sind und dafür dann beleidigt werden? Ihre Kompetenz mit Füßen getreten wird, nur

weil jemand nicht in der Lage ist Ihnen eine Frage korrekt und logisch zusammenhängend zu stellen?

Versuchen Sie es mal. Bitten Sie alle Bekannten Sie an einem Tag anzurufen und Ihnen eine belanglose oder unsinnige Frage zu stellen. Es ist ein Höllenspaß. Wirklich!
Nur Sie können aussteigen, die Agents in den Call Centern nicht.
Denken Sie an sie, wenn Sie heute Abend beten sollten. Sie sind es wert.

Marianne D. aus F. ist eine solche gut geschulte und erfahrene Frau, die seit einer gefühlten Ewigkeit über das Headset Ihres Arbeitsplatzes mit der Welt da draußen verbunden ist. Sie arbeitet gern im Serviceteam ihres Arbeitgebers, der touristische Fragen über verschiedene Hotlines annimmt und diese in Sekundenschnelle in die freien Leitungen seiner sechzig Mitarbeiter sendet.
Die Menschen, die Marianne D. täglich mit einem Lächeln im Gesicht beim Klingeln des Hörers empfängt suchen fast immer das Gleiche. Rat, Hilfe, Ideen, Vorschläge und Informationen über alles und jeden in der Großstadt, in der Marianne D. arbeitet. Sie ist die

Quelle der Weisheit für viele und für einzelne sogar das touristische Orakel.

Eine Ihrer Hauptaufgaben ist es für Reisende in Ihre Metropole passende Übernachtungsmöglichkeiten vorzuschlagen, zu buchen und den Anrufer dazu zu bewegen, sein Geld in der Stadt zu lassen.
Es ist kein besonderer Tag im April, aber die Osterferien stehen kurz bevor und das heißt erhöhtes Aufkommen in der Hotline. Das Wallboard läuft über und Marianne D. glühen die Ohren. Wallboard, so heißt im Fachjargon die elektronische Anzeigentafel, welche über den Köpfen der Agents an der Wand die wartenden Anruferzahlen der verschiedenen Hotlines anzeigt. Die Zahlen haben verschiedene Farben und deuten so darauf, wie lange die Anrufer warten. Rot heißt „ewig" und es stehen alle Lines auf Rot.

Es klingelt. Marianne D. drückt lethargisch den roten Hotlineknopf und das nächste Gespräch saust in die Hotel-Buchungs-Hotline und damit in ihr Ohr.

„Einen wunderschönen Guten Tag, hier ist die Hotelbuchungs-Hotline mein Name ist…."
„Hallo? Bin ich jetzt endlich durchgekommen?"

„Ja, Sie sind an der Reihe. Was kann ich für Sie tun?"
„Na endlich! Wird aber auch mal Zeit! Ich warte schon satte 30 Minuten in Ihrer verdammten Hotline und ich kann diese Titelmusik vom König der Tiger nicht mehr hören!"

Marianne D. ist des Streitens um die Wartezeit müde. Weiß sie doch anhand der Anzeige, dass die Dame mit ihrem starken süddeutschen Akzent ganz genau 13,42 Minuten gewartet hat und keine Zehntelsekunde länger. Außerdem heißt das Musical König der Löwen denkt sie noch, bevor sie in das Gespräch wieder voll einsteigt.

„Das tut mir sehr leid Frau...?"
„Graskötter"
„Frau Graskötter. Ich werde mich bemühen Ihnen jetzt so schnell wie möglich zu helfen."

Marianne D. weiß, dass mit dem Zeigen von Verständnis immer wieder „Land" gut zu machen ist, welches durch langes Warten verloren ging. Ihr versöhnlicher Ton trifft meist ins Schwarze, denn darauf ist sie mehrfach geschult.

„Also, was darf ich Gutes für Sie tun?"

„Ich hätte gern ein unverbindliches Angebot für 2 Nächte in einem Doppelzimmer in einem 3-Sterne Hotel in der Nähe des Zentrums für das zweite Mai-Wochenende."

„Ja, sehr gern. Gibt es noch etwas, was ich bei dem Hotelwunsch berücksichtigen soll?"

„Nein. Nichts. Es soll nur sauber, ruhig, zentral gelegen und günstig sein. Natürlich mit Dusche/ WC und Frühstücksbüffet. Und Garagenplatz."

Marianne D. kennt diese Art von Wunsch nur zu gut. Top-Qualität, zweimal Hinfallen zu allen Sehenswürdigkeiten und ein Buffet mit allem was die Markthallen in Paris nicht überbieten könnten. Natürlich zum Spartarif mit Vergünstigung und Goodie für daheim. Schließlich ist Urlaub, da muss alles top sein, wenn man aus der Provinz in die Metropole kommt – nur kosten darf es nix. Schließlich kostet der „Reichshof" im eigenen Dorf auch nur 25,- € pro Nacht mit Frühstück - für beide Personen versteht sich.

„Ja, mal schauen. Also da hätte ich zwei, die Ihnen bestimmt zusagen, denke ich. Das erste ist das Seasons Hotel für 69,-€ pro Person."

„Was? Das ist ja Wucher! Nee, da gucken Sie gleich mal richtig. Ich lass mich nicht über den Tisch ziehen. 69,-€ pro Person. Kriegt man da die Möbel dazu oder was?"

Das wird anstrengend weiß Marianne D. Jetzt wird das nichts mehr mit der vorgegebenen Bearbeitungszeit von 7 Minuten. Jetzt muss sie richtig ran.

„In Ordnung. Warten Sie…. Ja…. Moment…..ah, hier! Das Grenzdörfer Inn. Super Lage und dazu im Special."
„Im was?"
„Im Spezial-Angebot. Heißt, Sie schlafen 2 Nächte und einer zahlt nur die Hälfte bei der 2. Nacht. Kostenpunkt mit Frühstück unschlagbare 49,-€. Minus den Abschlag."
„Hm!"
„Sagt Ihnen das zu Frau Graskötter?"
„Hm!" Ich weiß nicht recht. Ist ja immer noch teurer als erwartet."
„Qualität hat wohl Ihren Preis. Aber bedenken Sie die exquisite Ausstattung und die ruhige, zentrale Lage."
„Na gut. Machen Sie mal ein unverbindliches Angebot fertig und senden mir das."

Bingo. Der Fisch hängt am Haken und nur eine Minute über der normalen Zeit. Marianne D. sieht sich auf der Zielgeraden.

„Mach ich Ihnen gern unverbindlich fertig Frau Graskötter und Sie bestätigen es bitte innerhalb der nächsten 5 Tage."
„Ja gut."
„Dann bräuchte ich bitte Ihre komplette Anschrift mit Rufnummer, damit ich das Zimmer reservieren kann."
„Nein. Sie sollen das nicht buchen. Ich will nur ein unverbindliches Angebot haben."

Marianne D. hätte es ahnen müssen. Es ging zum Schluss zu glatt für ein Gespräch, das so begann wie dieses. Sie holt unhörbar tief Luft, um das nun kommende Prozedere zu durchleben und sich von ihrer heutigen Quote zu verabschieden.

„Frau Graskötter. Ich buche es nicht fest für Sie, sondern muss dieses Zimmer hier im System reservieren, damit Sie es innerhalb der 5 Tage buchen können, wenn Sie wollen. Es entstehen Ihnen keine Kosten oder Ähnliches. Es ist nur zu Ihrem Vorteil und zur Nutzung dieses Angebotes. So kann es Ihnen nicht entwischen und Sie haben Zeit zu entscheiden!"

„Oh Nein. Meine Anschrift werde ich Ihnen erst mitteilen, wenn ich fest buchen möchte."

„Verstehen Sie doch bitte. Ich kann dieses Zimmer in dem Angebot sonst nicht für Sie festhalten. Es bedarf einer dazugehörigen Anschrift des Interessenten."

„Ich möchte lediglich ein unverbindliches Angebot und sonst nichts. Wer weiß was Sie mit den Daten machen!"

Nicht wieder die Datenmafia-Nummer verrät das Gesicht von Marianne D. Warum in Herrgotts Namen denken immer alle, dass wir mit Ihrer Anschrift dealen. In jedem Reisebüro oder Hotel hinterlassen die Leute genau diese Daten ohne Probleme. Nur bei uns erwarten Sie einen nächtlichen Transfer Ihrer Daten an das Pentagon.

„Wir reservieren lediglich Ihr Zimmer im Hotel vor. Sonst nichts Frau Graskötter. Sie können ganz beruhigt sein. Das ist ein ganz normaler Vorgang, den wir jährlich tausendfach ausführen und der datenschutzgesichert ans Hotel geht."

„Das ist in ganz Deutschland nicht üblich!"

„Bitte Frau Graskötter. Ich kann Ihnen sonst das Angebot nicht erstellen."
„Na, wenn Sie nichts verdienen wollen, dann eben nicht!"

Ein Entgleisen des Beratungszuges in der nächsten Kurve steht kurz bevor und Marianne D. muss zusehen, dass sie den Wagen auf Kurs hält, sonst ist die Kundin für immer verärgert und sie muss den Fall eventuell dem Supervisor des Teams erklären, der schon über die Trennwände zu ihr rüber blickt und genervt auf das Wallboard zeigt. Marianne D. zuckt die Schultern und versucht es ein letztes Mal.

„Es muss leider sein. Haben Sie doch bitte Verständnis für meine Situation. Ich möchte Ihnen doch nur behilflich sein und Ihnen dieses Angebot offerieren. Doch dazu gibt es eben ein internes Verfahren der Reservierung mit dem Hotel. Und das benötigt nun mal die Angaben des Interessenten."
„Also gut."

Marianne D. fällt ein Stein vom Dienstleisterherzen. Endlich. Sie hat es geschafft Einsicht in das fremde, süddeutsche Wesen am anderen Ende der Leitung zu bringen.

„Aber ich gebe Ihnen lediglich meinen Wohnort. Meine vollständige Adresse bekommen Sie erst, wenn ich buchen möchte. Bitte haben Sie dafür Verständnis. Mein Wohnort ist Hintermaingen."

Hatte Marianne D. richtig gehört? Den Ort? Waren Ihre Worte der Überzeugung und der Wichtigkeit dieser Daten unterwegs abgebogen oder warum konnte diese Frau nicht verstehen was hier Sache war. Zweifel kommen auf. Kopfschütteln und Resignation überziehen die Servicewelt, in der sich Marianne D. so gern um die Kunden kümmert.

„Dann kann ich es nicht für Sie unverbindlich zum Angebot machen Frau Graskötter. Es tut mir leid."
„Und so was nennt sich Service-Hotline. Na schönen Dank. Jetzt habe ich meine kostbare Zeit mit Ihnen verplempert und bin kein Stück weiter. Vielleicht sollten wir Ihre Stadt einfach generell nicht besuchen. Wer weiß wozu Sie noch alles unsere Adresse brauchen? Vielleicht auch noch, wenn wir ins Theater

wollen oder ein Auto mieten möchten? Ja, eventuell sogar auch noch für das Mieten eines Fahrrades! Ha."

Mit diesem Satz legte Frau Graskötter auf und ist wahrscheinlich von Haus zu Haus im Dorf gezogen, um zu berichten wie die Mafiaähnlichen Methoden zum Datenklau die Großstädte der Nation im Griff haben. Marianne D. konterte innerlich nur noch mit der Erkenntnis, dass man sowohl für Theaterreservierungen, wie für Mietwagen und Fahrradverleih ebenfalls mindestens die Anschrift angeben muss. Allerdings kämen dann noch zusätzlich Bank- oder Kreditkartendaten, sowie Führerscheindaten und Geburtsdaten hinzu. Aber diese Information befürchtete Marianne D. hätte die gute Frau Graskötter komplett an ihrem eigenen Verstand zweifeln lassen, womöglich sogar dazu getrieben, einen Leserbrief an die örtlichen Gazetten zu senden. Schließlich weiß Frau Graskötter doch, wie auch alle anderen Kunden der Hotline, genauestens wie der Hase des touristischen Lebens läuft. Bon Voyage liebe Frau Graskötter.

Noch ehe Marianne D. diesen Gedanken auch nur annähernd wachsen lassen kann, hört sie schon den nächsten Anrufer in Ihrem Headset nach Ihrer Unterstützung in touristischen Fragen rufen.

„Hallo?....Halllllooo!" Verdammte Hotline…..bin ich jetzt mal dran oder was?"

Wie ein Heer von Touristen in der schlichten Arbeit von Servicemitarbeitern touristischer Einrichtungen gewisse Machenschaften vermutet zeigt ein Fall, den Oliver K. aus T. in seiner Glanzzeit im Call Center der Tourismuszentrale seiner Heimatstadt erlebte.
Ein dort eintreffendes Gespräch entwickelte sich dahingehend, dass folgende Anfrage von Oliver K. nicht bearbeitet werden konnte.

„Ich würde gern ein Zimmer haben in dem Hotel, das, wenn ich auf der Autobahn von Hannover komme und dann auf der A7 rechts abbiege, gleich rechts direkt an der Straße liegt und dessen Mauern rot sind."

Selbst die guten Frauen mit den Glaskugeln würden hier das Handtuch werfen. Wie soll ein dienleistungsorientierter, junger Mann, der nichts anderes will als Leuten den Aufenthalt in seiner

Heimat so angenehm wie möglich zu machen, so etwas beantworten?

Oliver K. musste nach fünf weiteren Versuchen näheres herauszubekommen, mit der Aussage des Kunden leben, dass er eine Fehlbesetzung sei und der Ort wohl zu den mysteriösen Fällen des FBI gehören würde. Dann knallte der Anrufer den Hörer auf. Oliver K. hat auch Monate nach dem Gespräch im Umkreis von 25 Kilometern um die kleine Stadt nie ein solches Hotel gesehen. Und die Autobahn führt nur ganz kurz an seiner Stadt vorbei.

Auch Fälle wie die Buchung in einem Granini-Hotel bringen so manchen Agent an den Rand der Unmöglichkeit. Die zaghaften Versuche darauf hinzuweisen, dass wahrscheinlich ein Garni-Hotel gesucht wird, schmettern Anrufer ungehalten ab, da sie keine Belehrung nötig haben und außerdem der Name schwarz auf weiß auf Ihrem Zettel stehen würde, den sie von einem Geschäftskollegen bekommen hätten und der wäre schließlich schon da gewesen. Also, wer ist Schuld an dem Nichtzustandekommen der Buchung? Natürlich – der Servicemitarbeiter.

Vielleicht sollte gleichnamiger Safthersteller diese Nachfrage als Chance sehen einen Bedarf zu decken und aus den Fruchtresten irgendetwas Nettes mit Übernachtungscharakter zu schaffen. Anfragen sind schon da.

Strapaziös wird es natürlich immer dann, wenn selbst ein Call Center Agent vor der inneren Ratlosigkeit steht und in seinem Hirn das Verständnis für den Kunden in der Unendlichkeit des Nichts verschwindet.
Auf die eigentlich ganz harmlos normal, ja fast schon liebreizend schlicht wirkende Frage des Agenten „Und was für ein Hotel schwebt Ihnen da vor?" kann ein normaler Tourist doch eigentlich nur mit der Beschreibung seiner Wünsche antworten. Oder?
Nicht so ein Kunde von Franka S. aus W. Der antwortete auf die gestellte Frage:

„Eins mit Übernachtung, aber nicht mit Halbpension!"

Franka S. war nach dem fünfminütigen Schlagen mit dem Schädel auf die Schreibtischplatte Ihres Arbeitsplatzes zwei Wochen mit Gehirnerschütterung krank geschrieben worden und hatte erneut ihre Gruppen-Therapie aufgenommen. An ihrem Platz versucht sich jetzt eine weitere motivierte, junge Frau, die den Spaß am Umgang mit dem touristischen Kunden noch in sich finden kann.

Wann eröffnet eigentlich die erste Stiftung für Call Center Veteranen? Vielleicht sollte das mal einer in einem Call Center seiner Tourismuszentrale nachfragen.

3. Frauenglück

Es gehört zu einer guten gastronomischen Dienstleistung, dass man auch etwas zu Essen anbietet. Das dieses Angebot nicht immer nur aus Schnitzel, Pommes und halbem Hahn bestehen muss, haben uns nun schon über Jahrzehnte die Salvatores, Suzi Wongs und Julischkas der verschiedenen Gastfreundschaftsländer mit „2 Ouzo für meine Freunde" beigebracht.

Darüber hinaus hat außer den Gourmettempelfestungen auch die ländlichen Regionen die Botschaft erreicht, wie man aus Lebensmitteln mit so klangvollen Namen wie Shrimps, Mozzarella oder Tagliatelle herrliche Gerichte zaubern kann ohne von Maitré Bocques adoptiert zu sein.

Selbst die viel bescholtene Arbeiterschar unseres Landes traut inzwischen Männern in weißer Kochkleidung, die mit Worten wie Chateau briand, Entrecote double oder Gazpacho andaluz um sich werfen. Früher hätten sie mit „Eh, was hast Du da eben zu meiner Freundin gesagt?" geantwortet und dabei die Fäuste gezückt. Doch heute läuft selbst ihnen das Wasser im Mund zusammen, wenn von diesen Gaumenfreunden in der Menüauswahl zu lesen ist.

Damit, dass Köche und Kochsendungen den Menschen Nahrungsmittel und deren Verwendbarkeit näher gebracht haben, ist auch der empfundene Anspruch jedes Einzelnen gestiegen, wenn er das Hungergefühl im Magen stillen will, ohne dabei selber zum Kochlöffel zu greifen.

Komischerweise verlieren aber viele Gäste das logische Verhältnis zwischen Angebot und Machbarem im Reich der Dienstleister. Da werden Imbisse als Gourmettempel erkannt oder schlichte Ausflugslokalitäten mit Highsociety-Trendläden identifiziert und die Bestellung schnell mal zu einer unlösbaren Aufgabe für das gastronomische Personal.

Dass nicht jeder Gast sich auf sicherem Terrain bewegt, zeigen die vielen Fälle von Fehlbestellungen. Da wird Geschriebenes in der Karte missverstanden und Gehörtes falsch ausgelegt. Dazu führen ebenso lückenhafte Fremdsprachenkenntnisse und Unbelehrbarkeiten, wie auch Besserwisserei und gefährliches Halbwissen aus Nachmittags-Kochsendungen, mit denen das qualifizierte Personal aller gastronomischen Betriebe tagtäglich kämpfen muss.

Aufgrund dieser Tatsachen, und der damit verbundenen Verzweiflung sowie Frustration des Personals, ist es immer wieder erstaunlich wie sehr sich der Homo sapiens im Griff hat. Seine finanzielle Abhängigkeit lässt ihn ruhig bleiben, obwohl ihm vor Wut die Augen heraustreten und er den Hackklotz mit dem Beil nicht zum Plätten des bestellten Schnitzels nutzen möchte.

Gunda A. aus B. gehört zu diesen seit Jahren geplagten Restaurantleiterinnen, die sich morgens einigermaßen beschwingt zur Arbeit aufmacht und nachts völlig ermattet und frustriert nach Hause schleicht. Zu ihren Aufgaben scheint es zu gehören, dass sie die Schuldige für zig unverschuldete Vergehen ist, die aus Sicht des Gastes nur ein Dienstleister verschuldet haben kann. Schließlich hat laut ungeschriebenem Gesetz König Gast so lange Recht, wie der Chef es will und das Trinkgeld stimmt.

Ein gemütlicher Samstagabend in der Vorweihnachtszeit und Gunda A. hat sich zur Einstimmung auf die bevorstehenden Weihnachtstage im Kreise der Kollegen mit dem Chef überlegt rote Weihnachtsmannmützen zu tragen und jeden Gast mit einem „Hohoho!" an der Tür zu begrüßen. Dazu gibt es mit der Speisekarte einen kleinen Schoko-Weihnachtsmann und für die Kleinen eine Überraschung.

Gunda A. mag solche Verkleidungsarien eigentlich nicht, aber ihr Chef fand, das sei eine süße Idee. Du musst die Acryl-Dinger bei der Heizungsluft ja auch nicht 12 Stunden tragen, hatte Gunda A. bei der Dienstbesprechung gedacht und in den Gesichtern der Kollegen gesehen, dass es ihnen genauso erging. Doch sie zeigten gute Miene zum bösen Spiel, da ein Umschlag mit 50 € Weihnachtsgeld gleich daneben lag.

Und so hörte Gunda A. nun schon seit zwei Wochen täglich dieselbe, einzige Weihnachts-CD des Ladens rauf und runter. Dem blöden Rentier würde sie am liebsten die Nase richtig rot boxen, damit es verstummt. Ihr Hals kratzt vom vielen Hohoho rufen und ihre Kopfhaut juckt wie verrückt.

Es ist Viertel vor Neun. Hauptgeschäftszeit. Alle Tische sind belegt und es stehen wartende Gäste im Eingangsbereich. Gunda A. ist damit beschäftigt,

Gäste zu platzieren, Mäntel abzunehmen und Hohoho zu rufen, wenn neue Gäste den Laden betreten. Dazu muss sie ihr Team auf Trab halten, Gästen einen Guten Appetit wünschen und Reklamationen behandeln, sofern diese aufkommen.

Und zu genau einer solchen wird Gunda A. nun von einer jungen Kollegin gerufen, die etwas aufgelöst mit den Tränen kämpft. Am Tisch angekommen stößt sie auf einen dicken, schwitzenden Geschäftsmann, der zornig schaut. Daneben eine blonde, viel zu grell geschminkte Bohnenstange im billig wirkenden Chanelkostüm. Auf dem Stuhl ein Rotzlöffel, der seelenruhig mit Filzstift die Tischdecke neu dekoriert, was außer Gunda A. keinen zu stören scheint.

„Ist etwas nicht in Ordnung mit Ihrer Bestellung?"
„Gute Frau… wir hatten Lachssteak für meine Verlobte bestellt."
„Ja, und was stimmt damit nicht?"
„Ha! Wie bitte? Jetzt fangen Sie auch noch an, wie das junge Ding eben!"

Rote Sirenen blinken und das Läuten der Alarmglocken setzt bei Gunda A. ein. Ein Fall von cholerischer Überheblichkeit rollt auf sie zu, gepaart mit der

Arroganz eines neureichen Typen, der seine Verlobte, die wahrscheinlich eine Ex-Nutte ist, mal schick ins Steakhaus ausführt. Die Sorte Gast liebt Gunda A. als dienstleistungsorientierte Person seit sie die Gastronomie vor Jahren für sich entdeckt hat.

„Mit was, fange ich auch noch an?"
„Na herunterzuspielen, dass etwas nicht in Ordnung ist!"
„Aber ich weiß doch noch gar nicht was Sie reklamieren möchten. Vielleicht sind Sie so gut und klären mich kurz auf, damit ich mir ein Bild machen kann."
„Das sieht man doch wohl als Fachmann! Oder sind Sie hier nur ´ne billige Aushilfe für den Chef des Hauses?"

Der Nachbartisch schaut aufgrund des Lautstärkepegels des Dicken schon verstohlen herüber. Gunda A. merkt, dass sie als Restaurantleiterin in weiblicher Mission von dem Herrn nicht anerkannt wird. Diese Sorte Männer kennt sie zur Genüge. Jetzt heißt es diplomatisch bleiben.

„Also, ich möchte Sie doch bitten nicht persönlich zu werden. Ich bin hier im Haus die Restaurantleiterin und gern bemüht mich Ihrer Reklamation anzunehmen. Doch bitte, geben Sie mir erst einmal den Grund Ihrer Beschwerde, damit ich handeln kann."

„Ich sagte ja, wir haben Lachssteak bestellt und nicht DAS hier!"

Angewidert hebt nun das blonde Gift den Tellerrand an, um zu demonstrieren, dass es ihr Essen auf ihrem Teller ist, um das es sich dreht. Dabei verzieht sie angewidert ihre aufgespritzten, roten Magret-Astor-Lippen. Das Balg fängt sogleich an vor Freude über die Grimasse zu lachen. Wie vom Blitz gesendet trifft den Jungen die Hand der Mutter und das Lachen schlägt in Heulen um. Super, denkt Gunda A. Willkommen in der Hölle.

„Hör auf zu heulen, sonst fängst Du Dir noch eine!"

Sofort kehrt Ruhe im Kind ein und der Filzstift gleitet wieder gleichmäßig im Zickzack über die Stofftischdecke, was für Beide immer noch normal zu sein scheint.

Gunda A. schaut etwas verwundert und insgeheim genervt auf das köstlich angerichtete Stück Fisch und die goldbraunen Bratkartoffeln. Alles tiptop, sowie sie es von den Küchenjungs gewohnt ist.

„Ich kann äußerlich nichts Ungewöhnliches daran entdecken, das nicht stimmen würde. Zumal Sie das Gericht auch noch nicht probiert zu haben scheinen. Also schließe ich ein geschmackliches Problem ebenfalls aus. Was ist also Ihrer Meinung nach daran nicht in Ordnung? Hatten Sie andere Beilagen bestellt, die nicht gekommen sind?"
„Wollen Sie mich jetzt verkohlen? Ich warne Sie….ich verstehe keinen Spaß. Schließlich ist das Zeug teuer genug."
„Das Zeug, wie Sie es nennen, ist hochwertige, frische Ware."
„Mag ja sein."
„Was ist es dann, was Sie so sehr stört?"

Die Kollegen an der Theke winken aufgebracht. An der Tür sieht Gunda A. gut vier Paare stehen, die auf einen freien Tisch warten. In diesem Moment schreit das dünne Ding in gebrochenem Deutsch mit dem harten, sibirischen Akzent einer KGB-Matrone laut ins Lokal.

„Ich hatte Lachssteak bestellt und keinen Fisch! Aber das hier ist kein Fleisch!"

Der Dicke unterstützt seine hysterische „Verlobte", die wutentbrannt Gunda A. anstarrt, mit fragenden Augen und auffordernder Geste. An den Tischen rundherum ist fragende Ruhe eingekehrt. Alles schaut herüber. Nur Bing Crosby singt immer noch von dem bescheuerten Rudolph.

„Aber, wenn Sie Fisch bestellen, dann bekommen Sie bei uns natürlich auch Fisch serviert."

Der Rotzbengel fängt hämisch an zu grinsen und zeigt mit dem Finger auf seine Mutter.
Gunda A. erntet derweil mit ihrer Antwort an den umliegenden Tischen Anerkennung, sowie das Recht weiterhin eine gute Dienstleisterin zu sein. Der Junge bekommt erneut eine gewischt. Plötzlich springt der Dicke erbost auf. Das blonde Gift greift zu Ihrer gefälschten Gucci-Tasche vom Russenmarkt und steht ebenfalls gehorsam auf. Mit dem letzten Satz, den der

Dicke loslässt, wirf er verächtlich einen zweihundert Euroschein auf den Teller.

„In einem Steakhaus kann ich ja wohl Fleisch erwarten und keinen Fisch. Ihre Schuld, wenn Sie hier keine Gäste halten können. Komm Olga, wir gehen lieber Sushi Essen!"

Unter Gelächter und mit dem heulenden Jungen an der Hand, der jetzt mit dem Filzschreiber an Muttis Chanelkostüm malt, verlassen alle drei das Lokal. Zurück bleibt Gunda A. mit dem höchsten Trinkgeld des Tages. 145,80 €. Morgen wird sie sich die chicen Schuhe kaufen, die Sie heute gesehen hatte.
Zufrieden und mit dem identischsten Hohoho des Abends geht Gunda A. leichtfüßig auf die Wartenden an der Tür zu und findet auch ihr nettes Lächeln wieder, um den nächsten Gästen einen unbeschwerten Abend zu schenken. Bis zur nächsten Reklamation jedenfalls. Denn an Tisch 9 sieht sie aus dem Augenwinkel wie gerade ein Kollege dazu ansetzt einer älteren Dame beschwichtigend etwas zu erklären.

Diese Situationen begegnen Gastronomen und ihren Angestellten immer wieder. Da wird die Erwartung teils so groß, dass eine Überprüfung der Realität oder des genannten Wortes ausfällt. Manchmal werden auch Schreibweisen einfach übersehen oder gar absichtlich ignoriert, nur weil der Wunsch der Erfüllung ihrer Erwartung der Vater des Gedankens war. Dass eine Enttäuschung mit einer Nichterfüllung einhergeht, da nicht alle Erwartungen erfüllbar sind, ist ein tägliches Übel. Denn Schuld ist nie der Gast, der sich irrt oder Unmögliches verlangt. Schuld ist immer der Dienstleister, der Unmögliches nicht erfüllen und Wunder nicht bewerkstelligen kann.

So auch bei einer Reklamation, die Ulf G. aus W. entgegennahm. Grund war die alltägliche Bestellung eines Rumpsteaks medium, das Ulf G. richtig geordert und auf den Punkt gegart serviert hatte. Doch es dauerte keine weiteren drei Minuten und der Gast winkte ihn empört heran. Ulf G. staunte nicht schlecht als der Gast von einer Frechheit sprach und die Meinung äußerte, man würde wohl denken er merke es nicht oder könne es nicht herausschmecken. Ob sie ihn für einen Idioten hielten? Einen, der nicht weiß, was er bestellt hat? Oder der nicht weiß wie das Gericht zuzubereiten sei?

Ulf G. verneinte diese Annahmen vehement und fragte nach dem Grund dieser Vorwürfe. Der Gast wollte ihm dieses natürlich nicht vorenthalten und sagte:

„Dann frage ich mich warum auf meinem Rumpsteak der Rum fehlt!"

Zur Beruhigung aller Eltern von minderjährigen Kindern und der Mitglieder der Anonymen Alkoholiker sei hier daraufhin gewiesen, dass das „p" in Rumpsteak seine Berechtigung hat. Es verweist nicht auf Alkohol, sondern auf den Teil des Rinderkörpers, an dessen Stelle es aus dem toten Tier gewonnen wurde.

Auch der gut gemeinte Versuch von Hector E. aus K. seinem Gast ein köstliches Dessert anzubieten schlug fehl. Die Empfehlung einer hausgemachten Mousse au chocolate, die Hector E. ausspracht, wurde mit dem Satz abgeschmettert:

„Schokoladenpudding kann ich auch zuhause essen, Sie Einfallspinsel!"

Viele Gäste lieben es ja heutzutage bevorzugt die Speisen fremdländischer Küchen zu verputzen. Entweder, weil sie die Gerichte aus dem Urlaub in Erinnerung haben oder vielfach, weil sie den Namen des Gerichtes schon irgendwo gehört haben. Gern werden diese Gerichte in der Runde von Freunden bestellt, um weltmännisch brillieren zu können. Leider wissen die Bestellenden oft nicht was sie bestellen. Das führt dann beim Servieren der Gerichte oft zu genau dem gegenteiligen Wirken auf die Freunde am Tisch. Das hätten Sie nicht bestellt, behaupten sie dann und müssen dann die Schmach hinnehmen, dass genau dieses Gericht Ihrer Bestellung entspricht. So schnell wird man zum kulinarischen Schmalbrettbohrer. Und das durch Eigenverschulden.

Die Bestellung einer Gazpacho andaluz sollte demnach nicht dazu führen, wenn die Suppe serviert ist den Kellner zu rufen und sich zu beschweren, dass die Suppe kalt wäre. Spanien ist nun mal eine heißere Region als Deutschland und eine Suppe wie eine Gazpacho traditionell kalt. Auf Wunsch erwärmt ein guter Dienstleister die Suppe zwar, aber nicht weil er getrödelt hat und die Gazpacho kalt wurde, sondern nur damit der Gast das Gefühl hat Recht zu haben.

Das Gunda A. nicht allein auf solche Fälle wir das Lachssteak trifft, zeigt das Beispiel von Bruni S. aus S. Ihr wurde einst vorgeworfen, dass die Dame, die als Gast in ihrem Revier saß, Lammlachs unter der Kräuterkruste bestellt hätte. Nun war sie außer sich. Sie hätte Fisch bestellt und kein Fleisch. Niemals, sagte sie, würde sie Fleisch bestellen, da sie der Meinung war, dass die Tiere nicht für den Genuss des Menschen getötet werden sollten. Schließlich seinen die Lämmer so niedlich, wenn sie im Mai über die Wiese springen würden.

Nun sind Lachse tatsächlich keine süßen und niedlichen Tiere, das stimmt. Aber sie springen zu bestimmten Zeiten in ihrem Lebensraum und töten muss man sie auch, bevor man sie genießen kann. Wo da wohl der Unterschied für die Dame besteht?

Ein anderes Phänomen ist die Verbindung von Bestellung und ganz anderen Fantasien. Die bestellten Gerichte bekommen einen zweideutigen Anstrich, um sie dann im Restaurant mit einem süffisanten Lächeln und einem eindeutigen Zwinkern bei der Bedienung anzubringen. Dabei spielt das Geschlecht des Dienstleisters die entscheidende Rolle in der Arena der Bestellungsaufnahme. Schließlich möchte man zweideutige Zeichen in eine eindeutige Richtung senden.

So oft geschehen bei Benny G. aus Z. Er bedient seit Jahren die Kegelbahn seiner Arbeitsstätte im verschlafenen Örtchen Z. Die dort wöchentlich aufkreuzenden Gruppen mit so wohlklingenden Namen wie „Lustige Pudlerinnen" oder „Die 13 Wuchtbrummen" kennt er nur zu gut und weiß mit ihren Annäherungsversuchen umzugehen.

Das Kellner und Kellnerinnen Freiwild sind und somit immer für ein „Stell-Dich-Ein" zu haben sind, das wussten Sie doch, oder? Schließlich gehört die Lust auf schnellen Sex doch zu ihrem Berufsbild wie bei Postboten, Handwerkern und Milchmännern auch. Wobei es Milchmänner ja nicht mehr gibt. Haben die eigentlich aufgehört wegen des ständigen Sex und weil die Milch dabei sauer wurde? Oder fressen die Alimente sie auf?

Benny G. hat über die Jahre einen Weg gefunden Po-Kneifen, Bizepszwicken und Bruststreicheln zu ertragen und mit einem flotten Spruch zu kontern. Schließlich ist hier das Trinkgeld doppelt so hoch und er jetzt kurz vor der Schallgrenze der 30.

Doch die immer wiederkehrende Bestellung des Essens genau um 19:30 h machte ihm nach wie vor zu schaffen. Bis auf zwei ältere Damen bestellt die ganze Runde gern mit dem Satz

„Ich BRAUCHE einmal Frauenglück."

Dabei schielen sie dann mit einem Lippenlecken auf seinen Hosenstall. Frauenglück, so musste er lernen, nennen die Damen die auf der Speisekarte feil gebotene Riesen-Currywurst mit Pommes. Die dicke, pralle Wurst soll ihm suggerieren, dass sie es wohl mal wieder richtig bräuchten. Benny G. ist das noch heute unangenehm, wenn er an diese Momente denkt. Immerhin war er bei vielen von ihnen schon zu Kindeszeiten als Spielkamerad ihrer Söhne ein- und ausgegangen. Und da hatten sie ihm schon immer in der Badehose einen Klaps gegeben. Therapeutisch lernt er heute in der Gruppe, wie er Nein sagen kann zu diesen sexuellen Übergriffen in seiner finanziellen Abhängigkeit seines Arbeitsverhältnisses.

Das diese Variante der witzig gemeinten Bestellung von Kegleressen gegenüber Kellnerinnen auch von den Herren der Schöpfung gern genutzt wird, bedarf sicher keiner Betonung. Hier werden dann Currywürste zu „Frauenbeglückern" und Spiegeleier zu „Potenzpillen" umbenannt. Der Bestellung folgt selbstverständlich der obligatorische Klaps auf den Po, der garantiert in den Preisen mit eingerechnet ist. Service liegt eben nicht im Auge des Gebenden, sondern anscheinend nur im Auge des Nehmenden. Versteht man das nicht stellt man sich einfach zu sehr an. Schließlich muss Dienstleistung mit vollem Einsatz gegeben werden. Ist doch eh alles immer nur Spaß, oder?

4. König von Afrika

Sie sind eingeteilt wie Bienenwaben. Haben brusthohe Trennwände und sind technisch mit PC und Telefon ausgerüstet. Meist stapeln sich Verzeichnisse, Kataloge und Broschüren in den verschiedensten Ständern und irgendwo liegt ein kleiner Wutball. Die Wände hängen voll mit Listen, Statistiken, Leitfäden und dem Bild des Agenten des Monats.
Hereinspaziert in die künstlich beleuchtete Welt der Service-Hotline. Einer Welt aus Freundlichkeit, Informationen und starken Nerven. Hier werden Wünsche gehortet, Anfragen angenommen und die wahren Geheimnisse der Welt aufbewahrt. Hier warten die Agenten der Dienstleistung in der Arena der Servicewüste Deutschlands auf Ihre Gegner im Duell von touristischer Frage und pistolenkugelschnellen Antworten.

Dieser Sollzustand zerplatzt allerdings oft genug schon bevor überhaupt eine Chance des Bestehens in Sicht ist. Warteschleifen, unkonkrete Fragen und unlösbare Anfragen lassen immer wieder viele Dienstleister verzweifelt nach der nächsten Tasse Kaffee oder einer weiteren Hand voll Weintrauben greifen, um Blutzucker und Vergiftungsgrad aufrecht zu erhalten. Glauben Sie es den Statistiken der Forschungsinstitute, die in Feldforschung das Elend dokumentieren und versuchen den Hauch des Positiven aus den Ergebnissen zu filtern. Ohne diese beiden Stoffe, Koffein und Zucker, würde sicher so manch ein Agent mehr auf der jährlich veröffentlichten Liste der Amokläufer stehen oder die Suizidtabelle anführen.

Vielleicht sollten noch ganz andere Stoffe in Call Centern und an Helpdesks legal zugelassen werden, damit die Karawane Touristen auch wirklich weiter zieht, nachdem sie die Stadt mit ihren wunderlichen Anfragen und Wünschen überzogen und infiltriert hat.

Ein großes Feld, in dem sich Touristen mit Einheimischen mischen ist der Sektor der Freizeitunterhaltung. Die Modeerscheinung „Musical und Theater" verstärkt derzeit dieses Phänomen. Hier fällt es immer wieder extrem auf, dass wir Menschen nicht in der Lage sind eins und eins zusammenzuzählen und das Logikzentrum in unserem Schädel auch aufgabengerecht einzusetzen. Da werden Vorstellungen verunglimpft bis selbst ein

Sprachforscher resigniert aufgeben muss. Da werden Vorgehensweisen in Frage gestellt, die in anderen Lebensbereichen zu gar keiner Frage führen würden. Und doch scheint es irgendetwas an kulturellen Veranstaltungen zu geben, was dazu führt das Otto-Normalverbraucher zum hilflosen, ängstlichen Subjekt wird, das sich zum ersten Mal in die Welt des organisierten Schauspiels begibt. Woran auch immer dieses Phänomen zu messen ist, wie gut dass wir alle wenigstens im täglichen Miteinander des Alltages nicht Theater spielen, oder?

Allerdings darf man sich berechtigterweise die Frage stellen, wie Menschen die einfach nur ein Theater besuchen möchten und daran kläglich schon bei der Bestellung der Karten scheitern, dann mit dem Zug von A nach B kommen. Oder wie sie es schaffen sich alleine die Schuhe zu zubinden ohne danach auf die Fresse zu fallen?

In einer der größten Ticket-Vorverkaufsagenturen sitzt auch Friedrich L. aus M. Er ist seit geraumer Zeit in den speziellen Bereich der Kultur versetzt worden, da er in seiner alten Abteilung, der reinen Sightseeing-Informationen, einfach unterfordert war. Fand

jedenfalls sein Chef. Schließlich ist der angehende Kommunikationswissenschaftler ein Ass in Sachen Beratung und das wird vom Unternehmen gefördert. Zwar nicht mit einer Erhöhung des einstelligen Stundenlohnes, aber immerhin mit der Erhöhung des Anspruches und auch des Aufgabenpensums.
Was blieb Friedrich L. auch anderes übrig als dem gut gemeinten Vorschlag des Team-Leaders zuzustimmen. Schließlich finanzierte er sein Studium mit diesem Job. Und die Aussage des Vorgesetzten, sonst müsse man sich anderweitig umsehen, fand er ein schlagendes Argument.

So sitzt Friedrich L. auch an diesem Sonntagmorgen in der stickigen Luft des Großraumbüros mit anderen Kollegen und bekommt in seiner speziellen Hotline den nächsten Kunden herein. Tickets sind begehrt in Zeiten der großen Ferien.

„Ein schönen Guten Tag . Hier ist die Tickethotline. Sie sprechen mit Friedrich L. Was kann ich für Sie tun?"
„Hallöchen! Oh, da ist ja tatsächlich schon jemand aus dem Bett gefallen und auf der Arbeit! Hätte gar nicht gedacht schon jemanden zu erreichen um die unchristliche Zeit."

Friedrich L. rollt mit den Augen und fragt sich warum Menschen zum Hörer greifen, wenn sie davon ausgehen, dass niemand abnehmen wird. Egal, er muss hier um 8.00 h am Sonntagmorgen sitzen und kann nicht ausschlafen oder nach dem Aufwachen seine Freundin vernaschen, wie es ihm sein Körper vorschlagen würde, wenn er dürfte.

„Sicher! Wir wissen doch, dass unsere Kunden immer gern jederzeit auf unseren Service zugreifen möchten. Auch am Sonntagmorgen. Was also kann ich für Sie tun Frau…?"
„Schlösser-Schmalwitz."
„Frau Schlösser-Schmalwitz."
Ach, wissen Sie, wir kommen ja nächstes Wochenende in Ihre schöne Stadt und da wollte ich gern Karten für dieses Musical."
„Welches Musical meinen Sie bitte? Wir haben zurzeit drei in der Stadt."
„Oh,… na dieses eine….ach Gott, wie heißt das noch gleich….ach ja…. Ave Maria!"

Fragend und ohne direkt antworten zu können starrt Friedrich L. erst auf das Telefon vor ihm und dann auf die Liste mit den Veranstaltungen direkt darüber. Unter „A" prangen dort nur drei Veranstaltungen. ABBA - die Show, Apassionata und Alles oder Nichts. Aber Ave Maria? Nein. Außerdem ist das doch irgend so ein kirchliches Lied der Weihnachtszeit sinniert Friedrich L. als sich Frau Schlösser-Schmalwitz in Erinnerung ruft.

„Hallo! Sind Sie noch bei mir?"
„Oh, Entschuldigung. Ja, sicher."
„Gut."
„Seien Sie mir nicht böse, aber es gibt weder ein Musical mit diesem Namen noch eine andere Veranstaltung, die so heißt."
„Ach, ich meine ja auch nicht Ave Maria, ich Dummerchen. Ich meine natürlich Santa Maria. Entschuldigung!"

Friedrich L. wähnt sich auf einem Pfad, der jetzt für ihn schwierig und für die Kundin peinlich wird. Unter „S" stehen 17 Einträge, aber kein Musicaltreffer.
Bevor er antworten kann ist Frau Schlösser-Schmalwitz rettenden Wortes wieder zur Stelle.

„Nein, wo hab ich heute Morgen nur meinen Kopf. Wie komme ich nur auf Santa Maria, das ist doch ein Schlager von dem Bernhard Brink."

Nicht ganz, denkt Friedrich L. Der Song ist von Roland Kaiser und dein Kopf scheint mit dem Hörer halten voll ausgelastet zu sein.

„Macht doch nichts, Frau Schlösser-Schmalwitz. Morgens ist man manchmal noch ein wenig schlaftrunken. Passiert mir auch ab und an."

Du sollst nicht lügen, hatte Mutti immer gesagt und nun nutzte er die selbige um seinen Servicegedanken nicht zu verlieren und dieser Frau noch etwas Würde am Telefon zu lassen. Wobei er seiner Kollegin über die Trennwand mit einem Tippen an die Stirn andeutet, dass die Kundin nicht alle Latten am Zaun hat.

„Ach Gott, wie schön, dass es noch verständnisvolle Menschen gibt. Aber inzwischen ist es mir wieder eingefallen wie dieses Musical heißt, dass mein Mann und ich unbedingt sehen wollen. Miami Vice!"

Schnell schaffte Friedrich L. es noch auf die Stummschalttaste zu drücken bevor sein lautes Lachen den Raum erfüllte. Seine Kollegin zischte ihm ein „Ruhe" zu, da sie auch versuchte in einem Gespräch zu überleben.
Es dauerte nicht all zu lange und Friedrich L. schaltete sich wieder ins Gespräch. Zum Glück hatte die Kundin die kurze Unterbrechung nicht mitbekommen.

„Das ist eine amerikanische Fernseh-Serie und noch nicht als Musical auf den Bühnen der Welt zu sehen."
„Oh Gott. Was mach ich jetzt nur. Das wollten wir doch unbedingt sehen. Schließlich haben wir nur Gutes darüber gelesen! Das soll doch so toll sein!"
„Passen Sie auf Frau Schlösser-Schmalwitz. Ich zähle Ihnen jetzt die drei Musicals auf, die laufen und Sie schauen dann, ob Sie eines wieder erkennen."
„In Ordnung."
„Also es laufen: Tarzan…"
„Nein, mit Affen war das nichts."
„Die Schöne und das Biest…."
„Nee, nichts mit Mode."
„Und….Mamma Mia."
„Ja, das ist es. Genau….. ach wie schön, dass ich mich erinnert habe… also dann Mamma Maria."

Mit Staunen im Gesicht registriert Friedrich L. wie sein Vorschlag, sein Vorgehen und sein Service wieder einmal in die Hände des Kunden wandert und zwar mit einer Selbstverständlichkeit, die ihres Gleichen noch sucht. Er, der doofe Service-Typ und sie die Heldin, die sich erinnert. Komisch!
Und den selbst erinnerten Namen kann sie auch nicht behalten, dachte er bei sich. Wahrscheinlich ist das Gehirn immer noch stark mit Hörerhalten beschäftigt, überlegte Friedrich L., als er zu einer Verbesserung ansetzte.

„Mamma Mia heißt das Stück."
„In Ordnung. Jedenfalls ist es das, was ich suche. Mit all den Hits von diesen drei Schweden."
„Vier. ABBA waren zu viert."
„Ach ja, da war ja außer den drei schwarzen Frauen auch noch dieser verrückte Tänzer."

Friedrich L. gab auf. Diese Frau lebte definitiv in einer zerrütteten Kulturwelt. Boney M. waren nun nicht wirklich aus Schweden. Egal. Das Stück würde dann eben viele Überraschungen für Frau Schlösser-Schmalwitz bereit halten und sie in der Pause wahrscheinlich die Saalbetreuung enttäuscht fragen, wann den die Farbigen auftreten.

„Also dann zwei Karten für Mamma Mia. Sonntagabend?"
„Ja, gern und bitte die besten Karten."
„Ich hätte noch welche direkt in der Mitte von Reihe 7."

Schön, dass es jetzt doch wieder flott voranging, dachte Friedrich L. Wenigstens bei der Bestellung schien Frau Schlösser-Schmalwitz text- und entscheidungssicher zu sein.

„Wo in der Mitte sind die Karten denn?"
„Na direkt in der Mitte der Reihe."
„Haben Sie nichts wo man mittiger sitzt?"

Verblüfft sah sich Friedrich L. um, ob irgendwo Kurt Felix mit der versteckten Kamera stand. War das Leben echt dazu fähig Menschen so in die soziale Umwelt der Gesellschaft zu entlassen? Um diese Nummer jetzt verlassen zu können, ohne das Geschäft zu ruinieren, griff Friedrich L. zur List der Täuschung.

„Oh, ja. Habe ich und sogar noch eine Reihe besser."
„Toll. Dann reservieren Sie die bitte sofort. La Mamma Mia."
„Diese Karten können Sie nur direkt kaufen und dann sende ich Ihnen die Karten per Post nach Hause Frau Schlösser-Schmalwitz."
„Ach so, ….na gut. Auch in Ordnung."

Strike! Endlich, bevor sie noch auf den Trichter kommt in der falschen Stadt gebucht zu haben oder sich erinnert, dass sie gar keinen Mann hat, der mit ihr reisen will, wollte Friedrich L. zusehen das Geschäft unter Dach und Fach zu bekommen.

„Gut. Das sind dann 172,80 € für beide Karten inklusive Versand."
„In Ordnung."
„Wie ist denn bitte Ihre Strasse?"
„Weizenweg."
„Und Ihre Hausnummer Frau Schlösser-Schmalwitz?"
„Oh Gott, das weiß ich nun wirklich nicht!"
„Sie wissen Ihre Hausnummer nicht?"
„Nein. Ist die wichtig? Warten Sie ich gehe eben schauen."

Ohne eine Antwort abzuwarten verließ sie das Telefon, wie Friedrich L. hörte und kam auch nach 20 Minuten, die er wartete, nicht wieder zurück. Entnervt legte er auf und fragte sich, ob sie unterwegs wohl vergessen hatte, dass ein Call Center Agent auf die Angabe ihrer Hausnummer wartete. Oder hatte das Freiwerden der Gehirnkapazität, das mit dem Halten des Hörers beschäftigt war, dazu geführt, dass sich andere Körperteile meldeten, die ihr Recht verlangten? Oder war sie eingeschlafen? Noch heute rätselt Friedrich L. oft beim Dösen in der UNI, ob diese Frau schon wieder versucht irgendwo in der Welt vier farbige Schweden auf der Bühne zu bewundern. Diese Frage wird auf ewig im All schweben.

Das drei Worte sich kombinieren lassen ist kein Geheimnis, sondern reine Mathematik. Aus „ICH LIEBE DICH" kann man „Liebe ich Dich?" machen, aber auch „Dich liebe ich!". Natürlich geht auch „Ich Dich liebe" und „Dich ich liebe" sowie „Liebe Dich ich". Aber mal ehrlich, das fällt doch wirklich jedem auf, dass die letzten drei Versuche zu Zahnschmerzen und Gänsehaut führen, oder? Vielleicht nicht sofort, wenn man direkt aus dem tiefsten Kurdistan nach Deutschland kommt, aber dann hat man auch selten

den Wunsch über eine Hotline Karten für ein Musical oder eine andere Kulturveranstaltung zu erwerben.
Doch in der Tourismusbranche geht das. Glauben Sie nicht, ist aber so! Lassen sie sich durch folgende Fälle überzeugen was machbar ist im deutschen Kultur-Dschungel der Ticket-Hotlines. Andere Stadt, anderes Angebot, aber die gleichen Menschen in den Leitungen von dienstleistungsorientierten Agenten.

Lilian T. aus W. hat seit dem Beginn der Modewelle „Musical" mit jedem dritten Gespräch jemanden am Apparat, der eines der fünf Musicals der Stadt sehen möchte. Und da kommt es schon zu der ein oder anderen Kuriosität im Bestellungswald.
Und genau hier staunte Lilian T. nicht schlecht mit welcher Vehemenz ihre Kunden aus den drei schlichten Worten „König der Löwen" Kreationen entstehen ließen, die weit über das normale verdrehen der drei Worte hinausgingen.
Bei einem Kunden waren es plötzlich nur noch „drei Löwen", die in der Savanne streiften. Eine andere Kundin wollte unbedingt zum „König von Afrika". Fremdsprachenexperten versuchen es dann auch mal mit „The Lion of the King". Auch geografische Abänderungen wurden mit „Im Hamburg der Löwen"

gesucht. Bei einem Kunden blieb nur noch „König Löwen" übrig, wo mit es eher an König Löwenherz erinnerte. Einen ganz anderen Zusammenhang stellte die Kundin her, die zu „König Löwenbräu" wollte. Immerhin schaffte es auch ein Kunde dem Ganzen den heroischen Anstrich zu verpassen, den ein Löwe verdient. Er suchte Karten für „Im Zeichen des Löwen".

Doch auch andere Klassiker der Musicalbranche haben unter dieser Verstümmelung ihres Namens gelitten. Die Suche nach dem „Vampir von Sevilla", ließ nicht klar darauf schließen, ob der Kunde von Tom J. aus H. in die Oper oder doch zum Musical wollte. Der Kunde wusste das allerdings auch nicht.
Selbst unser Bayernkönig wurde eingebaut und als „König der Ludwig" und „Ludwig, Du König" gesucht und der Agent schmerzlich beschimpft, als die Kunden merkten, dass sich der Name des Musicals geändert hatte.

Allerdings kann ein Call Center Agent auch nicht aufatmen, wenn die Kunden zwar den Namen der Veranstaltung wissen und auch richtig aussprechen können, aber dafür andere Wünsche und Anfragen zum Scheitern des Verkaufsgespräches führen.

Kerstin V. aus N. musste den Versuch ihres Kunden mit einer 20-minütigen Erklärungsarie ablehnen, der sie nicht nur Kraft und Mühe kostete, die vom Veranstalter vorgegebenen Geschäftsbedingungen zu verteidigen, sondern sie musste sich danach auch noch den Vorwurf der Ausländerfeindin anhören.

Der Kunde war bei seiner Bestellung der Karten für die „Schöne und das Biest" sicher in seiner Wahl und auch in den notwendigen Koordinaten einer guten und zügigen Bestellung. Er hatte alles recherchiert und vorbereitet. Selbst seine Kreditkarte lag bereit. Doch als es an die Zahlungsmodalitäten ging, da fragte er nach einer Ermäßigung für Ausländer. Diese in ganz Deutschland nicht praktizierte Ermäßigungsform, brachte den Kunden schnell dazu diese zu fordern und sich als diskriminiert hinzustellen. Bei dem Versuch ihm zu erläutern, dass es diese Möglichkeit im Buchungsvorgang nicht gäbe und auch eine Benachteiligung als Ausländer nicht bestünde, wurde er sauer. Kerstin V. erklärte ihm, dass er, wie auch die deutschen Kunden, den gleichen, also gleichgestellten Preis zu zahlen hätte. Für ihn war allerdings ganz klar, dass hier eine Gleichstellung nicht sinnvoll wäre, da eine Benachteiligung in seinem restlichen Leben hier berücksichtigt werden müsste. Kerstin V. wurde mit einem Schimpfwort der Unter-der-Gürtellinie-Fraktion beschossen und der Hörer aufgelegt.

Es ist eben nicht einfach alle zu integrieren, selbst wenn das schon seit Jahren geschehen ist. Annehmen muss man eine Gleichstellung natürlich letztendlich auch. Egal, ob sie einem passt. Gleichstellung bedeutet eben gleich zu sein.

5. Mit ohne Sahne

Gäste sind eine spezielle Art von Mensch, die in einem speziellen Umfeld gefangen sind. Sie stecken fest zwischen der Wahl eines geeigneten Sitzplatzes zur Beobachtung des fremden Geschehens und der Auswahl in der Menükarte mit Ihren vielen, vielen Begrifflichkeiten. Genau diese leitet den Gast an der einen oder anderen Stelle der Karte stärker in eine geschmacklich oft fremde Richtung, als manch einer ahnt oder zugeben mag. Schließlich ist nicht alles auf den Menükarten dieser Welt Jägerschnitzel mit Pommes oder ein Pils.

Dass diese innere Anspannung zu einer Art logischem Engpass bei der zu tätigenden Bestellung führt, müssen Dienstleister in allen Restaurants und Bars zwischen Alpenkämmen und Sanddünen der Republik tagtäglich miterleben.
Die Herausforderung ist es die Bestellung des Gastes zu korrigieren, wenn der Servicemitarbeiter einen Irrtum bemerkt, sodass diese Änderung als Wunsch des Gastes stehen bleibt. Der Gast soll und darf aber nicht mitbekommen, dass der Dienstleister gerade alle

seine „Zaubertricks" angewendet hat, um genau das zu bewerkstelligen.

Hat ein Dienstleister seine Aufmerksamkeit in der Manege der Bestellungsaufnahme auch nur für eine Sekunde nicht im Griff und patzt er somit im Anwenden seiner „Tricks", dann kommt meist selbst das schlichteste Gastgemüt dahinter, dass er wohl gerade etwas ganz Dummes bestellt hat. Allerdings ist die Intention des Kellners nur das Wohl des Gastes. Und nur aus diesem Grund korrigiert er ihn dezent.

Sonderbarerweise ist es dann aber nicht so, dass ein Jubelsturm der Dankbarkeit ausbricht, da der Kellner den Abend und das gemütliche Essen gerettet hat, nein, es bricht der Sturm der Entrüstung los. Schließlich wisse man was man bestellen würde, man käme ja rum in der Welt und habe dieses schon öfter geordert und verzehrt. Alle weiteren gut gemeinten Ratschläge der Dienstbietenden werden ohne eine vernünftige Überprüfung des Inhalts wie Schmetterbälle beim Tennis abgewehrt.

Der Kellner wird abgekanzelt und im Nachhinein als Einfallspinsel tituliert, die Bestellung vehement geordert. Nach dem Erhalt der Speise wird dann sofort nach dem Geschäftsführer verlangt und behauptet als

Mensch von Welt so etwas niemals bestellt zu haben. Schließlich kenne man sich aus und würde so was wie das auf dem Teller nicht zu sich nehmen. Dann wird der Kellner als zu einer guten Beratung unfähig verurteilt und der Fluch ausgesprochen dieses Haus nie wieder zu betreten. Allerdings lässt der Gast großmütig Gnade walten, wenn die Geschäftsführung bereit ist sofort etwas Vernünftiges auf den Tisch zu bringen und am besten die Speisen oder Getränke zu servieren, die man mit der Bestellung eigentlich gemeint hatte.

An dieser Stelle sei jedem Gast zugerufen, dass man in einer solchen Situation nicht zu weit gehen sollte. Denn mit „Hören Sie, ich bin immerhin ein echter Gourmand!", haut sich nun wirklich jeder Erdenbürger selbst in die Pfanne. Auch in einem Schnellimbiss. So viel Französisch kann inzwischen selbst der Kebab-Mann an der Ecke.

In die Szenebar von Erkan Y. aus E. kommen immer wieder Zeitgenossen, die außer dem Erleben eines tollen Abends mit netten Freunden, vor allem das Aufpolieren Ihres Images im Kopf haben. Schließlich gilt heute nur der Jenige als Kosmopolit, der fehlerfrei einen Strawberry Daiquiri oder einen Screwdriver bestellt, wenn die Temperaturen draußen nicht eher auf einen Planters Punch verweisen. Dass dazu natürlich nicht nur ein stylisches Outfit und eine Sonnenbrille zum Schutz vor der dämmrigen Beleuchtung der Bar gehören, versteht sich als Globalisierungs-Trotter von selbst. Man kennt sich eben aus in der Welt des Highsociety Living. Wichtig wird hier in der nächtlichen Chill Out Zone vor allem das Wissen um den Weltmännischen Umgang mit Spirituosen und Ihren Kombinationsmöglichkeiten in Form von Cocktails.

Meist ist es das Testosteron, welches den Wissenshorizont des Abends immer dann stark einschränkt, wenn das Östrogen der Begleitung besonders viel Farbe und Silikon aufgetragen hat.

Erkan Y. kennt diese Goldketten-Fraktion und ist durch seine Jahre hinter der Theke verschiedener Clubs gewappnet. Er kennt die künstlich erzeugte Coolness der Single-Generationen. Schließlich gleichen sie sich Jahrzehnt um Jahrzehnt. Nur die Farben der zu engen T-Shirts und der Name an der Sonnenbrille ändern sich mit dem Herbstlaub der Jahre. Die Wortwahl, die eingeübte Gestik und die festgefahrene Mimik eines Freizeit-Mafiosi bleiben gleich. Allerdings hat Erkan Y.

festgestellt, dass sich doch etwas grundlegendes in fast jedem Satz der Bestellenden geändert hat- Alter heißt jetzt Digger!

Es ist Samstagabend 22:00 h und der Laden brummt. Erkan Y. hat gute Laune, denn außer einer durstigen Party-Crew ist auch seine Lieblingskollegin Louise mit am Start und beide sind ein tolles Tresengespann. Die Flaschen wirbeln und die Cocktails gehen als Kunstwerke über den Ladentisch.
Doch mit dem nächsten Paar, das siegessicher den Tresen ansteuert wird diese Laune in das abendliche Grauen und damit in eine Zerreißprobe wechseln. Wieder wird Erkan Y. überlegen, ob er nicht doch alles hinwirft und lieber Gemüse hinter dem Haus züchtet. Das quatscht jedenfalls keinen Mist und lässt höchstens mal die Ohren hängen, wenn es nichts zu trinken bekommt.

„N´Abend. Was darf es Leckeres für Euch sein?"
„Ey Digger, mach ma´ zwei Embryos klar!"

Erkan Y. fährt eine Gänsehaut über den Nacken, deren Poren wie Vulkankegel aufgerichtet sind. Dieses „Ey" und „mach ma`" sind sein rotes Tuch. Da hilft erstmal nur Missverstehen.

„Was möchtest Du bestellen?"
„Embryos Meister, für mich und meine hübsche Süße hier!"

Als Dienstleister weiß Erkan Y. was sich gehört, wenn der eine Kunde etwas Nettes über den anderen Kunden an seiner Seite sagt. Sprich, der rosarote Schleier vor den Augen des „Ey-Sagers" also nicht sieht, dass der goldene Gürtel nicht wie vom Designer geplant locker um die Hüfte der Begleitung liegt, sondern die Mitte der Frau so einschnürt, dass sie wie ein überquellender Muffin in mintgrünem Samtkleid aussieht. Das Lächeln von Erkan Y. gegenüber der Lady ist einstudiert und das anerkennende Zwinkern zwischen Männern nicht ernst gemeint, aber es gehört zum Dienstleisten dazu.

„Oh, zwei Embryos! Na, da gönnt Ihr Euch ja einen echten Klassiker der Cocktailszene."
„Siehste, sach´ ich doch Chantal! Is´n Klassiker."
„Mach ich Euch sofort fertig."
„Ach, Meister! Und mit ohne Sahne."

Sahne? Hatte Erkan Y. richtig verstanden? Sahne! Wenn ich Luigi heißen würde, ein kleines weißes Schiffchen auf dem Kopf thronen hätte und in meinem Tresen circa 20 verschiedene kleine Namensschildchen auf die gefrorene Variante von Amaretto und Eierlikör verweisen würden, dann wärst Du goldrichtig mit Deinem „mit ohne Sahne", Du Depp, denkt sich der Nicht-Eisdielen-Besitzer Erkan Y. und versucht aus dem inneren Aufschrei ein verständnisvolles Lächeln in sein Gesicht zu zaubern.

„Na klar. Beide mit ohne Sahne. Logisch! Schmeckt auch echt besser mit ohne Sahne."

Chantal kaut gelangweilt Kaugummi und nickt genervt. Der Kerl fühlt sich jetzt in der Annahme Bescheid zu wissen bestätigt. Die Brust schwillt an. Erkan Y. ist ein guter Dienstleister und weiß wer was zu welcher Zeit hören will, damit der Rubel rollt. Business ist Business.

Er macht die zwei Kurzen aus Amaretto und Eierlikör und serviert sie extra noch in Martinigläsern, damit der Anschein einen Cocktail bestellt zu haben gewahrt bleibt.

„So, Eure zwei Embryos. Bitte schön. Genießt es!"
„Ey Digger! Willst Du mich verarschen oder was? Das ist doch kein Embryo!"

Wieder dieses „Ey" und nun auch noch der Zweifel an Erkan Y. und seinem Fachwissen. Das Rot des Tuches vor seinen Augen wird intensiver.

„Du hast bei mir zwei Embryos bestellt und das sind zwei Embryos geworden."
„Ey, was ist das denn für ein Ekelkram. Sieht aus wie Schleim!"
„Eierlikör in Amaretto. Und das vermischt sich nun mal so, dass es aussieht wie ein Embryo in einer Fruchtblase."

Chantal schaut so angewidert auf das Glas, dass sie glatt aufhört das Kaugummi zu zerfleischen und stampft dann angenervt mit dem rechten Highheel auf. Erkan Y. setzt das dritte „Ey" auf sein inneres Antipathie-Konto des Typen.

„Ich wollte das mit dem Rotwein!"

Chantals erster und einziger Satz. Toll artikuliert und durch die Benutzung des hysterischen Tons direkt das Herz des Barkeepers erobert. Bingo. Tolle Frau! Jedenfalls für den Typen, der jetzt seine Pranke um den Rettungsring unter dem Goldgürtel legt.

„Ja, aber das heißt doch immer Embryo, wenn ich das hier bestelle."
„Rotwein gehört nicht in einen Embryo und so würden wir den auch nie verkaufen."
„Doch, dass hat uns hier schon ne Kollegin so verkauft."
„Das kann ich mir nicht vorstellen, da wir nur gelernte Bartender einstellen."
„Die hat da kein so´n Zeug rein getan. Das war Rotwein mit Cola. Ey, ich muss das jawohl wissen, schließlich haben Chantal und ich zehn Stück davon gehabt."

Viertes „Ey" und Erkan Y. am Rande des Unfreundlichwerdens. Doch er hat sich wie immer im Griff. Hatte Louise, seine liebe Kollegin am anderen Ende des Tresens nicht neulich von einem Paar erzählt, dass unbedingt diese fiese Rotwein-Cola-Mischung haben wollte und immer nur „Ey, zwei Kalte

Muschi!" durch den Raum geschrieen hatte? Erkan Y. erinnerte sich an die Heiterkeit nach Feierabend unter Kollegen. Und nun hatte er die beiden Spezies an der Theke.

„Du meinst sicher Kalte Muschi?"
„Ey, genau. Kalte Muschi. Ey, das war es. Gut dass ich da noch drauf gekommen bin, ey."

Erkan spürt wie sich seine Nackenhaare zur Gänze sträuben und sich die linke Hand unter dem Tresen langsam zur Faust schließt. Dreimal „Ey", dass war Rekord und für Erkans Ohren einfach zu viel des Guten. Am liebsten hätte er…. Doch genau in diesem Gedanken hörte er plötzlich Louise durch die Musik sprechen.

„Ey, die Kalten Muschis sind wieder da! Setzt Euch. Ich bring Euch gleich Euren Lieblingscocktail. Wo hattest Du den noch zum ersten Mal getrunken? War das nicht Miami?"
„Jepp, stimmt. In Palms Springs."
„Ja, Florida muss grenzenlos sein. Kommen gleich Eure Drinks."
„Geil. Danke!"

Chantal und Ihr Typ zogen ohne Erkan Y. weiter zu beachten zum nächsten leeren Tisch und Louise zog mit einem Lächeln die Schultern hoch und machte sich an die Kalten Muschis. Der von seiner Dienstleistung überzeugte Erkan Y. hörte gerade noch das Urteil über seine Arbeit am Gast als die beiden den Tresen verließen.

„Ey, wenn ich nicht klar gesacht hätte was wir wollen, dann hät` der Anfänger bestimmt noch so`n komisches Zeug zusammen gepanscht. Ey, gut das ich mich auskenne!"

Erkan Y. macht seit dem einen Bogen um die Kalten Muschis, wenn sie durch die Tür kommen. Fragt sich aber jedes Mal, ob der Typ weiß, dass er bei seinem Besuch in Palms Springs nicht in Florida war und dass Miami geographisch so liegt, dass eine Muschi dort auf natürlichem Wege nicht kalt werden kann.
Sowohl Rotwein wie auch Cola haben Erkan Y. nie dazu veranlasst diese zu mischen, geschweige denn an etwas derartiges auch nur zu denken. Auch hatte er sich nie überwinden können eine Probe, die Louise ihm hinhielt, zu kosten. Wer weiß, ob das nicht genau

zu diesem Verhalten von Chantal und Ihrem Begleiter geführt hatte.

Seien Sie also bitte vorsichtig, wenn Getränke Namen tragen, die weit von dem entfernt liegen an das Ihre Farbe oder Konsistenz Sie erinnert.

Aber nicht mit jeder Bestellung eines Cocktails in einem Lokal muss auch ein Getränkewunsch gemeint sein. Es liegt durchaus in der Natur des Gastes die Grenzen der Geschmacklosigkeit zu überschreiten. Damit ist gemeinhin nicht die gustatorische Verirrung mancher Kunden gemeint, die etwas Umbestellen oder Verändern und dieses mit „Müssen Sie mal probieren. Ist der Kracher!" verteidigen. Gemeint ist damit das weit verbreitete Verhalten Servicekräfte als Freiwild anzusehen.

Popo-Klatschen, Zwicken, in den Ausschnitt starren oder „aus Versehen" über den Hosenlatz streichen sind ja alt bekannte und stetig nur gut gemeinte Annäherungsversuche, welche im Preis mit inbegriffen zu sein scheinen. Da darf sich die junge Schönheit mit dem Tablett direkt geschmeichelt fühlen, wenn ihr ungefragt die greise Hand den Po tätschelt. Schließlich ist sich ja der gesamte Kegelklub „Lustige Neuner" einig, dass sie das doch nur mal richtig besorgt haben müsste. Denn kellnern geht nur diejenige, die mannstoll ist und zuhause noch nicht den richtig Hammer zu hängen hat. Allerdings glauben diese Herren auch, dass der Trend zur Zweitunterhose übertrieben ist und Frauen einen herangezüchteten Bierbauch brauchen, um in Fahrt zu kommen.

Karin P. aus Ö. setzt inzwischen nicht mehr so gern einen Fuß in die nüchterne Kegelbahn-Kabine Ihres Geldgebers. Denn dort warten jede Woche die „Neun Kugelblitze" auf sie und ihre Kurven. Dass die Runde, seit Karin P. sie das erste Mal bedient hat von Pils und Korn umgestiegen ist auf ein eher ungewöhnliches Getränk für Kegler wunderte sie erst so richtig, als der Kegelvater des Clubs die Bestellung bewusst lasziv zurückgelehnt mit eindeutig abschätzendem Blick bestellte. „Wir hätten gern neun Orgasmen!"
Ob diese mehrfach die Woche bestellte Runde den Kerlen wirklich schmeckte ist zu bezweifeln, da dieser Cocktail eigentlich ein typisch süßes Damengetränk ist. Sicher ist nur, dass die peinliche Berührtheit von Karin P. die Kugelblitze noch anstachelte und sie sich später auch ungeniert dabei in den Schritt fassten. Ihr Chef hatte für Karin P. und ihre Einwände diese Runde nicht weiter bedienen zu wollen kein Verständnis, da

der Umsatz sich auf der Bahn verdreifacht hatte. Dienstleistung in Abhängigkeit ist die gemeinste Variante der Servicewelt.

Bei Thorsten K. aus A. stieß hingegen eine Bestellung von jungen Burschen seiner Heimatstadt auf Ekel, welche diese Truppe Mantafahrer nur zu selbstverständlich fand. Pervertiert fand Thorsten K. schon allein die verlangte Mixtur von Doppelkorn und Kuhmilch, aber das ganze „Mäusepisse" zu nennen führte fast zu einem unkontrollierbaren Würgereiz, als die Gruppe den Kurzen hinunterstürzte und gleich eine weitere Runde bestellte.

Manchmal ist das Gewerbe Gästen einen schönen Abend zu bereiten und für ihr Wohl zu sorgen wirklich als eine Art Samariterdienst für Seelenlose zu empfinden. Denn Spaß an der Arbeit hört an der Geschmacklosigkeit des Konsums generell auf. Es lebe der gute alte Batida de Coco-Kirsch oder der Amaretto-Apfelsaft. Prost!

6. Sommerpause

Irren dürfen Sie sich nicht - als Servicemitarbeiter von Informationsstellen. Das nimmt man Ihnen übel. Sie können nuscheln, besoffen oder der deutschen Grammatik nicht mächtig sein, aber irren dürfen Sie sich nicht. Auch eine unerklärliche lange Zeitspanne zur Bearbeitung der Anfrage nimmt man noch mit Augenrollen hin. Schließlich weiß der Anrufer einer Hotline, dass der Dienstleistende Call Center Agent diesen Job nicht aus Liebe zum Beruf macht, sondern nur weil er nichts Vernünftiges gelernt hat. So ein Anrufer weiß eben ganz viel.
Bloß nicht warum und weswegen er gerade in der Informations-Hotline hängt. Die Servicestelle im Leben eines Anrufers, die sich mit den vielfältigen Lücken in seinem Wissen auskennen muss. Das glauben jedenfalls die Anrufer und die meinen das ernst.
Und so haben Massen an Agenten in Touristeninformationen von Flensburg bis Kempten damit zu tun, schlecht recherchierte und umständlich gestellte Fragen zu entschlüsseln und sich dabei auf keinen Fall zu irren. Wenn Agenten nicht verstehen was an dem Gesagten des Kunden nun die eigentliche

Frage sein soll, dann müssen Dienstleister eben lernen richtig aktiv zuzuhören oder zur Not den Job wechseln und Fahrkarten abknipsen.

Obwohl manch ein Kunde auch diese Arbeit lieber in geschulter Hand weiß, damit die Karte nicht an der falschen Ecke geknipst wird. Denn solche Tickets sollen ja hinterher eingeklebt im Fotoalbum noch den Namen der Zahnradbahn verraten, an den man sich beim geselliger Fotoabend bei Flips und mitgebrachtem Rotwein mit den gelangweilten Freunden erinnern möchte. Aber das ist ja Gott sei Dank heutzutage schnell gelöst. Ein kurzer Anruf bei der Hotline, die man für zuständig hält und man erfährt nach Warteschleife und Servicegespräch, dass das eigene heimatliche Tourismusbüro nicht weiß wie die in dem kleinen Bergdorf liegende Zahnradbahn heißt. Auch nicht, wenn man der dummen Ziege von Call Center Agentin die Anfangsbuchstaben gesagt hat. Wahrscheinlich sind tausend Kilometer Entfernung doch ein Grund, das nicht zu wissen.

Vielleicht ist Nichtwissen doch schlimmer als Irren? Denn Irren lässt die Chance offen, dass der Kunde nach ewigen Debatten und lautstarken Beschwerden eventuell vom verlangten Vorgesetzten doch noch die richtige Information erhält.

Aber bei Nichtwissen des Agenten ist mit komplettem Nichterfahren der lebenswichtigen Information zu rechnen. Und dass dann das Leben so gut wie beendet ist, wenn die Frage nach der Schwimmbadlänge des Freibades oder die Anzahl der Schaukeln auf dem im Prospekt angekündigten Kinderspielplatz offen bleibt, ist klar. Innerlich wollen solche Kunden dann den Koffer wieder auspacken und besser nicht Reisen. Schließlich weiß man ja nicht, was in dieser seltsamen Stadt noch passiert.

Schlechte Frage, keine Antwort, aber gute 3,45 € an Telefongebühren los. Könnte ja sein, dass man vor Ort auch nicht erfährt, wie die Aussichten auf das Finden von Kräutersaiblingen sind oder ob Hundeshampoo im Naturschutzsee angewendet werden darf.

Dienstleister sollten sich daher bewusst machen, dass ihre Berufssparte nur an Ansehen gewinnen kann, wenn sie begreifen, dass Fragen von Touristen niemals seltsam sind und dass, auch wenn keinerlei Logik erkennbar ist, eine nutzbare Antwort her muss. Der Kunde ist König, selbst wenn er an Schwachsinn leidet oder mit dem Klammerbeutel gepudert wurde. Ein König irrt sich eben nicht. Nie. Niemals!

Günther G. aus S. wüsste Gegenteiliges aus seiner langjährigen Erfahrung zu berichten. Er ist inzwischen Teamleiter seiner Zentrale für touristische Belange und gern in diesem Bereich tätig. Allerdings kosten ihn die täglichen Anfragen nicht nur Mühe im Finden der Antworten, sondern auch Nerven bei Aufgaben, die weit über seine Zuständigkeit hinausgehen. Denn Nichtwissen oder Irren sind am Hofe des „König Kunde" nicht gern gesehen und führen mit Pech in die Ungnade.

Dienstagmorgen halb zehn in Deutschland. Günther G. hat keine kleine Pause, die er mit einem Keksriegel versüßen kann wie die Werbung verspricht, sondern nach seiner kurzen Bildschirmpause im Raucherraum nur einen Diät-Cappuccino aus dem Becher zu sich genommen, während er die Leidensgeschichte seiner Hotline-Mitarbeiter zum 150igsten Male wie brandneu serviert bekommt. Alles mit dem Ziel auf Verständnis und der damit verbundenen Sicherheit überleben zu können, wenn man sein Leid nur oft genug teilt. Dienstleistung ist eben doch nicht wie ein ruhiger Platz an der Sonne mit netten Gesprächen und kühlen Drinks. Neonleuchten sind zwar auch hell und verbrannt kommt sich Günther G. abends auch vor, aber die Drinks aus der Wasserflasche sind oft piwarm und das mit den netten Gesprächen wird auch immer weniger. Dank unserer gehetzten Welt, so hat Günther G. das Gefühl, wollen alle Menschen ihre Zeit täglich immer ein bisschen effektiver nutzen, als sie es eh schon tun. Wo bleibt da nur die Zeit Dienst wirklich zu leisten?

Günther G. sitzt nun wieder voll gepumpt mit der Hotlinedroge Nr. 1, Koffein, am Schreibtisch und schaltet sich mit dem Headset auf der Frisur in die nächste Anfrage der Infoline des Ticketkontors seines Arbeitgebers. Die anfängliche Stille bevor das Gespräch mit einem Knacken in sein Ohr gelangt, genießt er immer besonders. Oft wünscht er sich darin verloren zu gehen und nur noch seiner inneren Stimme antworten zu müssen. Doch dieser Wunsch scheint auf ewig unerfüllt. Und da knackt es auch schon und Günther G. rauscht zurück in die Welt der drahtlosen Kommunikation.

„Einen wunderschönen Nachmittag. Hier ist die Informations-Hotline der TTS. Mein Name ist Günther G. was darf ich für Sie tun?"

Günther G. hasst diese vorgefertigten Floskeln, machen sie die Telefonie doch noch mehr zu einem Einheitsbrei mit einer künstlichen Freundlichkeit, die selbst ihm immer schwerer fällt, obwohl er diesen Berufsweg frei gewählt hat. Er hätte auch Lehrer bleiben können.

„Schönen Guten Tag. Hier spricht Waldmann aus Hasselhaubingen."
„Herr Waldmann, wie kann ich Ihnen behilflich sein?"
„Ich möchte gern nächste Woche mit meiner Tochter ins Theater."
„Das klingt doch gut, Herr Waldmann. Haben Sie schon etwas Bestimmtes im Auge?"

Jetzt kommt es drauf an, weiß Günther G. Dies ist der Scheideweg zwischen normalem Gespräch mit einem Entscheider, der Recherche betrieben hat oder einem Gespräch mit einem Hilflosen, der zu spät dran ist und nicht mehr weiter weiß.

„Nein, habe ich noch nicht. Deswegen rufe ich Sie an."

„Riene va plus! Nichts geht mehr! Sie haben gesetzt und…..verloren. Ein Hilfloser auf der Suche nach dem

Glück. Ein Vater, der in den Augen der Tochter bestehen möchte und nicht aufs Abstellgleis will, weil er gedacht hat mit „Peter und der Wolf" wird er der Tochter auch nach 30 Jahren noch eine Freude machen. Früher mochtest Du das doch auch, wird er zur Verteidigung sagen und ihr lieb in die Wange zwicken. Sie wird ihn dafür hassen und in der Zukunft für seinen Vorschlag eines Vater-Tochter-Abends immer eine Ausrede parat haben.

„In Ordnung. Welche Richtung interessiert Sie denn? Musical, Klassisches Theater, Tanz, Ballett, Oper, Komödie?"
„Hm...ich weiß nicht recht. Auf jeden Fall keine Oper, dass hasst sie. Ballett mochte sie als Kind schon nicht."
„Na was Komisches kommt doch meist gut an bei jungen Damen!"
„Hm...ich weiß nicht. Lachen tut sie ja nicht so oft."
„Also was Klassisches."
„Ja."

Günther G. merkt, dass das eine Schwerstgeburt wird und rückt den Drehstuhl zurecht, greift nach dem Prospekt mit dem Sommer-Theater-Programm.

„Wollen mal sehen welches Theater was bietet. Wann kommen Sie denn Herr Waldmann?"
„Freitagabend."
„Ok.! Mal sehen…also, das Burgtheater hat geschlossen wegen Renovierungsarbeiten. Das Neue Theater hat ein Gastspiel mit einem Komiker. Musicals fallen ja weg…hm….und das Fidelio zeigt Hamlet.
„Oh, kein Shakespeare. Das mag ich gar nicht sehen."
„Die Werkshalle zeigt…Moment….ach… Sommerpause. Und die Komische Bühne präsentiert den Kaufmann von Venedig."

Jetzt wird es eng, weiß Günther G. Nichts Rechtes im Programm, denn der August gepaart mit der Ferienzeit ist immer mau. Hoffentlich kann sich der Kunde zwischen Shakespeare und Shakespeare entscheiden, sonst wird es ein langes Gespräch und das wird von der Geschäftsführung nicht gern gesehen.

„Dann nehme ich 2 Karten für das Stück Sommerpause in der Werkshalle. Das klingt doch frisch und modern. Das wird meine Tochter bestimmt mögen."

Der Kopf sinkt Richtung Tischplatte und die Arme hängen schwer in Richtung Teppichboden. Günther G. ist zerstört. Hatte er doch bis eben noch nicht an Herrn Waldmann selbst gezweifelt, sondern nur an der Art wie er eine Bestellung von Theaterkarten anging. Aber nun. Verzweiflung und die Gewissheit länger zu brauchen und dabei Massen an Energie zu verschwenden machten sich breit. Langsam hob der Kopf wieder an und die Stimme bekam ihre Kraft zurück. Dienstleisten ist eben kein Ponyhof.

„Hören Sie bitte Herr Waldmann. Ich muss Sie enttäuschen, aber Sommerpause ist kein Name eines Stückes, sondern die Bezeichnung dafür, dass das Theater eine längere Veranstaltungspause eingelegt hat und keine Vorstellungen laufen."
„Oh,…äh….ja gut. Gott, wie peinlich. Sie denken bestimmt was für ein alter Esel ich bin?"

Nein, Sie sind kein alter Esel, sondern ein total vertrottelter Esel, hätte Günther G. gern gesagt, aber dieser Kommentar bog in seinem Hirn rechtzeitig ab und versandete. Das Dienstleistungszentrum schoss eine andere Variante hinaus in den Äther.

„Ach, dass passiert doch alle Nase lang jedem von uns. Man ist etwas unkonzentriert und Bums hört man nicht richtig zu. Da war die Hoffnung einfach der Vater des Gedanken."

„Sie haben Recht. Kann passieren."

„Also, schauen wir weiter Herr Waldmann."

„Ja, bitte."

„Ah, hier. Auf der Sommerbühne im Stadtpark wird eine moderne Inszenierung von Die Leiden des jungen W. aufgeführt."

„Das klingt doch gut. Gibt es da noch Karten?"

„Moment ich schaue einmal nach...die haben 7 Tage die Woche geöffnet....Moment....

„Wann haben die denn dann Ruhetag?"

Das war jetzt nicht Wirklichkeit? Hatte dieser Mensch am anderen Ende der Leitung wirklich gefragt, wann Ruhetag ist? Günther G. kam ganz aus dem Suchkonzept und ließ das kleine Prospekt sinken. Hatte die Woche in dem kleinen Kaff von Herrn Waldmann etwa mehr als 7 Tage in der Woche? Oder war der Mann einfach nur etwas zu lange in der Sonne?

„Herr Waldmann entschuldigen Sie bitte, aber die Woche hat nur 7 Tage und wenn das Theater diese 7 Tage geöffnet hat, kann es keinen Ruhetag angeben."
„Ach Gott, ja. Ich bin aber heute echt mit dem falschen Fuß aufgestanden. Sie müssen ja wirklich denken, dass so einer vom Land nicht mal die einfachsten Dinge des Lebens weiß!"

Die Einführung von Video-Telefonie hätte Günther G. mit seinem starken Kopfnicken jetzt verraten. Doch zum Glück konnte er mit geschulter Stimme auch hier wieder als guter Servicemensch nachsetzen und den Kunden in Sicherheit wiegen.

„Natürlich nicht Herr Waldmann. Das kenne ich."

Dieses ständige Lügen bringt mich doch direkt mit dem Fahrstuhl des Grauens in die Hölle. Das verzeiht mir der liebe Gott nie. Aber der muss ja auch nicht 180 Stunden im Monat Dauertelefonieren und Fragen beantworten. Er wird es verstehen, hoffte Günther G. und fuhr fort.

„Also, die Sommerbühne hat noch freie Karten zu verkaufen."

„Das ist ja super."

„Es handelt sich dabei um eine Openair-Veranstaltung. Dass heißt es sind Stehplätze."

„Ach, das macht uns nichts aus. Sind die Stehplätze nummeriert?"

Wie in einer hermetisch abgeschlossenen Kapsel nahm Günther G. die Welt um sich herum wahr. Alles wurde zu einem dumpfen Gemurmel. Leere durchströmte seinen Verstand und er bekam das unbändige Gefühl sich ein Ticket nach Hasselhaubingen zu kaufen, um sich persönlich um Herrn Waldmann mit einer 69er-Magmun zu kümmern. Dann würde er in dessen Garten sitzen und auf die anreisende Tochter warten, um diese mit einem Shakespeare-Schinken zu erschlagen. Durch ein eindringliches „Hallo" zerplatzte die Kapsel und die Lautstärke katapultierte ihn zurück ins Gespräch.

„Herr Waldmann, seien Sie mir jetzt nicht böse, aber ich bin gerade ein wenig erstaunt."
„Wieso?"
„Stehplätze Herr Waldmann. Es handelt sich um Stehplätze. Da gibt es also keine Sitze und somit keine Nummern!"

„Und wie findet man seinen Platz?"

Das war doch alles vergebene Liebesmüh. Was tue ich hier eigentlich, fragte sich Günther G. kopfschüttelnd und an seinem beruflichen Weg zweifelnd. Muss ich der Menschheit echt das Leben erklären? Ist das meine Bestimmung?
Sollten die im Park sich doch damit auseinandersetzen oder die Wiese in kleine Planquadrate einteilen und ne Nummer auf Papier drauf legen und mit einem Kiesel beschweren. Doch er konnte nicht aufgeben. Er war Dienstleister und er war es gern.

„Sie gehen einfach auf die Veranstaltungs-Wiese vor der Bühne, suchen sich einen Platz, holen sich an den Buden noch etwas zu trinken, wenn Sie mögen und genießen dann die Vorstellung. Das ist alles."
„Ah, ok.! Jetzt verstehe ich das Prinzip."
„Gut."
„Dann geben Sie mir doch bitte die Nummer vom Stadtpark, damit ich dort Karten bestellen kann."

Pure Verzweiflung ließ Günther G. etwas tun, was für einen Serviceleitenden sonst eine Unmöglichkeit darstellt. Er drückte die Taste zum Beenden des

Gesprächs und verließ den Platz. Die staunenden Kollegen blickten ihm nach und das Headset trudelte an seinem Kabel hängend langsam aus.

„Ein Stadtpark hat kein Telefon. Ein Stadtpark hat kein Telefon."

Immer wieder flüsterte er diesen Satz auf dem Weg zum Klo, um sich in einer Kabine einzuschließen und nur mit den an die Wände gekritzelten Hilferufen seiner männlichen Kollegen allein zu sein.

Ob Herr Waldmann je begriff, dass er zum Bestellen der Karten schon an der richtigen Adresse war und dass er fast einen Suizid auf dem Gewissen hatte, bleibt zu fragen offen. Die Vorwahl, die hatte Günther G. sich gemerkt und notiert. Sie hängt seit dem in großen Ziffern über seinem Telefon. Die Abmahnung hat er verschmerzt. Doch, wenn die Vorwahl im Display aufleuchtet wartet er etwas länger als normal, damit der Anruf auf einen Apparat der Kollegen umspringt und die sich mit Hasselhaubingen unterhalten müssen.

Auch Susanne L. aus D. ist diesen steinigen Weg gegangen. Auch sie hat versucht Menschen zu beraten und ihnen ihren Aufenthalt in ihrer Wahlheimat zu versüßen. Aber das hat sie nicht nur Schweiß und Tränen gekostet, sondern teilweise auch fast den Verstand.

Aufgrund einer Ähnlichkeit der Hotline-Nummer ihres Arbeitgebers, sowie der Nummer eines Radiosenders und eines Katalogservices wusste sie um die verirrten Anrufe und damit verbundenen Missverständnisse. Doch es brachte sie immer wieder an den Rand des guten Glaubens, wenn sich die Kunden sich mit „Zipfelmütze! ...habe ich jetzt gewonnen?" meldeten und Susanne L. dann nach mehrfacher Erläuterung der Fehlwahl fast gemartert wurde, weil nun die Gewinnchance vertan war. Das hätte Susanne L. nun fairerweise auch gleich am Anfang sagen können, nun sei die Möglichkeit des Gewinnens dahin und sie somit Schuld.

Susanne L. beteuerte zwar ihre Unschuld durch den Hinweis sich deutlich mit ihrer Hotline gemeldet zu haben, aber damit kam sie nicht mehr durch. Das Urteil war gefallen und Susanne L. die Blöde in diesem Spiel.

Auch die Kunden des Katalogservices beschwerten sich solange lauthals über die fehlerhafte Vibrator-Lieferung bis Susanne L. endlich zu Wort kam und klar machen konnte nicht die Reklamationsabteilung des Kataloghändlers zu sein. Dann wurde ihr allerdings sofort vorgeworfen, dass sie den Kunden diese Peinlichkeit auch hätte ersparen können. Wieder schuldig im Sinne des Dienstleistungsgedanken. Auf die darauf folgende Frage der Kunden „Was sie denn nun tun sollten?" konnte sie nur darauf verweisen die richtige Nummer zu wählen. Doch genau das hatten die Kunden ja getan und trotzdem waren sie falsch verbunden. Der Nummernvergleich brachte es immer an den Tag, aber die Blöde blieb Susanne L. trotzdem. Denn ein „Danke" gab es nie und ein Aufknallen des Hörers beim Erkennen des Eigenverschuldens gehörte wohl zum guten Kundenton.

Eine Steigerung der Unverschämtheiten von Kunden musste sich Walda Ö. aus J. gefallen lassen. Sie telefonierte mit einer Kundin, welche die Hotline gewählt hatte, um eine Überraschung in Form eines tollen Abends für ihre Nichte zu gestalten. Das war bis zum Abschluss des Kaufes von vier Karten für eine Männer-Strip-Show auch alles kein Problem. Doch als die Anruferin, dann zum Schluss des Gespräches verlangte, dass Walda Ö. noch eine Überraschung zu den Karten legen sollte, da es sich um den 18.

Geburtstag der Nichte handelte, wurde es haarig. Walda Ö. erläuterte den Versand und zeigte Einsatz indem sie Prospekte und Sticker mit zu den Karten legte. Doch der Kundin schwebten da eher Sachen wie Essen-Gutschein, Stadtrundfahrt oder Stofftiere vor. Der Versuch einer Erklärung, dass diese Wünsche nicht auf Kosten der Hotline zu bewerkstelligen seien und auch etwas seltsam anmuteten erhielt Walda Ö. eine ganze klare Ansage. „Wenn so alle Kunden behandelt werden, würden sollte man sich nicht wundern, wenn die Umsätze zurückgingen." Walda Ö. versuchte eine weitere Verteidigung mit der Begründung eines Übersteigens der Serviceerwartungen. Nichts fruchtete. Die Kundin beendete das Gespräch mit der Anordnung Walda Ö. solle sich da noch einmal genauere Gedanken machen und die Überraschung dann zu den Karten legen.

Außer einem gezeigten Vogel erntete Walda Ö. nichts bei ihrem Vorgesetzten. Somit war der Fall erledigt und die Karten nackt mit dem Prospekt im Umschlag gelandet.

Dienstleistung und Service haben also wahrlich bei manchem Erdenbürger nichts mit Umsatz und Geldverdienen zu tun. Die Erwartung draufzuzahlen geht da eindeutig zu weit. Dann muss die ungerechtfertigte Servicewüste eben öde und kahl bleiben. Oder?

7. Happy Birthday lieber Kellner

Es ist schon erstaunlich wie schnell ein Service-Mitarbeiter einer gastronomischen Einrichtung zu einer Art „besonderer Freund" eines Gastes werden kann, ohne dass er etwas dazu tun muss. Der Status kann allerdings so schnell wechseln wie der Dow-Jones innerhalb eines Vormittages.

Da ist man als Servierkraft schnell mal der aller beste Freund, wenn der Gast einen Sonderwunsch hat. 10 Minuten später plötzlich der trotzige Sohnersatz, wenn man die Umbestellung der Beilagen nicht kostenlos bewerkstelligen kann, da Spargel nun mal wesentlich teurer ist als der verschmähte Mais. Wenn es dann später um die Schnelligkeit beim Servieren des Essens geht, wird man zum Leibeigenen herunter degradiert und herumgeschickt wie ein Dienstbote im 19. Jahrhundert. Und zum Schluss landet die Fachkraft doch noch auf dem Feld des vermissten Enkelsohns und erhält ein gut gemeintes Trinkgeld in Höhe von 50 Cent, was aber nur mit dem Hinweis vergeben wird „das Geld nicht gleich zu verprassen."

Der Dienstleister in Restaurants und Gastronomiebetrieben jeder Art spielt nicht nur seine schwere Rolle, des sorgenden, hilfsbereiten Samariters in schwarz-weiß, nein, er bekommt auch von Tisch zu Tisch immer neue Drehbücher verpasst, die ihn in andere Rollen drängen.

Der gekonnte Spagat besteht darin, trotz des schnellen Rollenwechsels zwischen Freund, Diener, Berater, Clown und Flirtpartner nie die eigentliche Rolle des Geldverdienenden Mitarbeiters eines geldgierigen Gastronomen zu verlassen.

Doch machen Sie mal acht Stunden am Tag Spagat. Dann sprechen wir uns an dieser Stelle wieder, falls Sie jetzt aus Sicht eines Gastes gedacht haben „Das kann ja nicht so schwer sein" oder „Das ist schließlich sein Job". Doch es ist schwer und es zermürbt Sie wie einen Stein unter einem tonnenschweren Gletscher, der Richtung Tal rutscht. Sie werden zu Sand.

Nicht umsonst finden Sie unter gastronomischem Personal die meisten Alkoholiker, Kettenraucher und Sexsüchtigen. Mit irgendetwas müssen Sie doch den Frust auffangen, wenn Sie am Leben außerhalb der ungnädigen Dienstzeiten teilnehmen möchten.

Einer der wissen muss wovon er spricht ist Fred C. aus Z., seines Zeichens Stationsleiter in einem renommierten Hotel seiner Stadt und beliebt bei Stammgästen und Kindern gleichermaßen. Er kennt diesen Wechsel. Er kennt die verdrehte Wahrnehmung mancher Gäste und auch die Eroberung seiner privaten und intimen Sphäre. Mit einer Selbstverständlichkeit wird er herzitiert und fortgeschickt. Teilweise gebieterisch oder oberlehrerhaft wird er auf seine vermeintlichen Fehler hingewiesen und ihm dann eine Chance gelassen den nicht begangenen Fehler wieder gut zu machen. Gnade, Zuversicht und Geduld werden ihm entgegengebracht, an Stellen, wo es eigentlich nichts zu beanstanden gab. Aber Gäste machen nun einmal keine eigenen Fehler und das Zahlen der erhaltenen Speisen geht einher mit der Annahme damit auch ein Stück weit Macht über das Personal zu erwerben. Ein Irrtum, der seit den Revolutionen dieser Welt nicht zu töten ist.

Mit dem normalen Entrichten des Rechnungspreises durch den Gast lässt sich halt kein Personalstamm für Zuhause engagieren. Somit muss wenigstens im Restaurant der Anschein entstehen Kunde König wäre jemand Besonderes. Und wenn es auch nur für das Servieren eines Omelett ist. König ist König.

Sonntagmittag und das Restaurant füllt sich an diesem Wintertag. Die Feiertage mit ihren Spezialkarten sind durch und das neue Jahr hat mit etwas weniger Arbeit begonnen als es sich der Hotelier gewünscht hatte. Der Dienstleistungssektor ist bekannt für seine Flexibilität und somit hat der Chef des Hauses ganz fix zwei Leute fristlos entlassen. Egal was das Arbeitsrecht sagt, time is money.

Fred C. ist im Restaurant unterwegs und erkundigt sich seiner Aufgabe folgend wie es den Gästen an den jeweiligen Tischen schmeckt. Dabei hält er hier und da einen kleinen Schwatz, wenn es die Situation erlaubt und er weiß auch immer genau, wann er den Tisch mit einem netten Spruch wieder zu verlassen hat. Sein Einfühlungsvermögen und seine Menschenkenntnis weiß sein Dienstherr zu schätzen und somit hat er in diesem Revier freie Hand.

Gerade verlässt Fred C. einen Stammgast mit dessen weiblicher Begleitung, die öfter mal wechselt, aber immer als seine Nichte vorgestellt wird. Er erspäht quer durch den Raum einen Tisch mit Gästen, die er noch nie gesehen hat und die auch nicht ganz ins

Ambiente des exklusiv eingerichteten Raumes passen. Die etwas sehr legere Kleidung aus Pulli und Jeans, sowie die über die Stühle geworfenen Regenmäntel lassen darauf schließen, dass die Gäste nicht öfter hier verkehren und wohl kein anderes Lokal in der Nähe gefunden haben.
Dass sie hier gestrandet sind nimmt Fred C. gelassen. Kunde ist Kunde und das Aussehen ja bekanntlich nicht immer der Garant für gutes oder schlechtes Benehmen.
Er schlendert hinüber.

„Willkommen im L´Auberge. Haben Sie schon die Karte bekommen?"
„Wir haben schon bestellt."

Der ungeniert fragende Blick und die schroffe Antwort der Gäste überraschen Fred C. Sein Versuch nett zu sein und eine positive Stimmung zu erzeugen wird hier nicht gewünscht.

„Fein. Dann wünsche ich Ihnen einen angenehmen Aufenthalt bei uns."

Ohne einen weiteren Blick zu erhaschen oder gar eine Antwort zu bekommen, beschäftigen sich die beiden älteren Herrschaften mit ihrem Rucksack, den sie zwischen sich auf der Bank platziert haben. Fred C. wandert zum nächsten Tisch. Platziert sich aber so, dass er die seltsam wirkenden Gäste weiter im Blick hat. Irgendetwas stimmt mit den Beiden nicht spürt er, kann aber nicht bestimmt sagen was es ist.

In dem Moment bekommen die beiden Ihre Bestellung von der jungen Kollegin serviert. Zwei Kännchen Kaffee. Sonst nichts. Fred C. wundert sich, da das Tortenangebot des Hauses in der Stadt den besten Ruf hat und die Auslage bisher jeden Menschen über 50 verführt hat sich ein Stückchen zu gönnen. Doch die beiden bleiben auch in den nächsten Minuten ohne Kuchen und schenken sich wortlos ihren Kaffee ein.

Während Fred C. an dem Tisch, an dem er gerade steht ein Kompliment für die Dame formuliert, um ihr zu sagen wie exquisit ihr Weingeschmack ist, passiert in seinem Augenwinkel etwas Unfassbares. Fred C. verliert das Ende des Satzes und entschuldigt sich kurz, um sofort wieder zurück an den Tisch des seltsamen Paares zu stürmen.

„Entschuldigen Sie bitte meine Herrschaften, aber das Verzehren von mitgebrachten Speisen ist in unserem Restaurant weder erlaubt, noch üblich. Ich möchte Sie bitten, das sofort zu unterlassen."

Das Paar hält jeweils ein Butterbrot in der Hand und krümelt auf die teuren Polster. Zwischen ihren Kaffeegedecken aus Fürstenberg-Porzellan steht eine offene rote Plastik-Butterbrotdose und zeigt noch weitere Schnitten, die auf ihren Verzehr warten.

„Was stört Sie denn daran?"

Fred C. fasst es nicht. Was für eine dreiste Frage. Innerlich aufgebracht ringt er weiter nach Fassung und führt das Gespräch ruhig, aber bestimmt weiter.

„Wir sind ein Restaurant meine Herrschaften und ein sehr angesehenes dazu. Sie können bei uns gern bestellen und verzehren, aber selbstverständlich nur Speisen und Getränke unseres Hauses. Wir sind ja keine Wartehalle."
„Wieso wir haben doch unseren Kaffee bei Ihnen bestellt und zahlen den später auch. Was ist daran so verkehrt, wenn wir nichts Weiteres bestellen?"

Das hatte es in den ganzen Jahren noch nicht gegeben. Empörung macht sich in Fred C. breit. Das Gäste abgesprochen zu einer Feier mal Wein oder Torte mitbringen gegen eine Umsatzausfallgebühr war Gang und Gebe. Aber einfach das eigene Essen im Restaurant zu verzehren und dann zu fragen, was daran so störend sei, dass brachte das Ganze auf die Spitze. Dienstleistung hin oder her.

„Selbstverständlich dürfen Sie wie jeder Gast Ihren bestellten Kaffee in Ruhe genießen. Aber wir sind wie alle Restaurants eine Verzehr-Gastronomie und es ist nun mal untersagt eigene Speisen mitzubringen und diese hier zu verzehren."
„Das kann ich nicht verstehen. Es ist doch nicht so schlimm, dass wir unsere Brote essen, die wir noch haben. Wir wollen eben keinen Kuchen oder so was."
„Dann bestellen Sie sich gern etwas Herzhaftes aus unserer reichhaltigen Karte. Aber Ihre Brote muss ich Sie bitten sofort wieder einzupacken oder zu gehen."

Diese Uneinsichtigkeit ließ Fred C. fast überkochen vor Wut.

„Gott, wenn Sie sich so anstellen. Bitte, dann packen wir die Brote eben wieder ein."

Anstellen? Das gibt es doch nicht. Begreifen diese beiden Realitätsfernen nicht was Sache ist, wundert sich Fred C. und ärgert sich, dass er seinem Frust nicht einfach Luft machen kann. Ein Dienstverhältnis verlangt leider jeden Gast gleich zu behandeln.
Die Brote wandern zögerlich in die rote Dose zurück und Fred C. verlässt genervt, aber mit dem dankbaren Lächeln eines Kellners den Tisch. Allerdings wird er des nächsten Satzes noch gewahr, welchen einer der beiden an den anderen richtet.

„Seltsamer Laden, oder?"

Verärgert, aber zufrieden die Ruhe bewahrt zu haben erkundigt er sich zwei Tische weiter nach der Zufriedenheit der Gäste im Bezug auf das Essen. Wieder positioniert er sich dabei so, dass er im Augenwinkel die beiden ungeliebten Gäste im Blick behält. Vertrauen ist gut, aber Kontrolle eben besser.
Und tatsächlich. Fred C. sollte sein Instinkt nicht täuschen. So eben tauchte einer der Köpfe ab in Richtung Sitzbank und somit unter den Tisch. Er wollte

seinen Augen nicht trauen. Hatte der Herr gerade eben unter dem Tisch erneut von seinem Brot abgebissen?

Sofort schoss Fred C. hinüber zum Tisch der Beiden, während der Kopf des Herrn wieder auftauchte und unbeteiligt in der Gegend umher sah.

Als Fred C. am Tisch ankam sah er noch gerade wie das langsame Kauen aufhörte und der Arm etwas nach hinten zu schieben schien.

„Sagen Sie mal, halten Sie mich eigentlich für dumm?"
„Wieso?"
„Sie haben doch gerade unter dem Tisch in Ihr Brot gebissen, obwohl ich Sie gebeten hatte, das zu unterlassen!"
„Ich hab nicht in mein Brot gebissen, wie kommen Sie denn darauf?"

Jetzt schlägt es 13. Das gibt es doch nicht. Mit welcher Dreistigkeit die Beiden mich hier anlügen und gegen mein hausrechtliches Gebot verstoßen. Fred C. hatte das Gefühl den Boden des Anstandes unter den Füßen zu verlieren.

„Und die Krümel an Ihrem Mund sind wohl rein zufällig da?"
„Ach, ist da was. Schau mal Schatz."
„Och Gott ja, da, ein ganz Kleiner."
„Sie haben gerade von Ihrem Brot abgebissen. Ich habe es von dort drüben gesehen mein Herr."
„Sicher haben Sie sich getäuscht. Mir ist nur etwas runter gefallen und das habe ich aufgehoben. Sie haben sich geirrt."

Musste er sich denn alles gefallen lassen? Die Beiden lachten sich doch ins Fäustchen. Wussten Sie doch, dass ihm als Dienstleister die Hände gebunden sind und schlechte Mundpropaganda immer das Schlimmste ist was passieren könnte.
Die Gäste am Nachbartisch schauten bereits neugierig. Er musste durchgreifen, sonst würden hier demnächst weitere solcher Gäste auftauchen und ihn und seine Kollegen terrorisieren.
Fred C. sah Heerscharen von Pullis vor seinem geistigen Auge und Nutella beschmierte Sitzpolster. Der Umsatz sank rapide und die Küche war verwaist.

„Ich bitte Sie jetzt ein letztes Mal höflichst Ihre Brotdose zu schließen und im Rucksack zu verstauen.

Ansonsten sehe ich mich gezwungen Sie des Hauses zu verweisen und ein Hausverbot auszusprechen. Sie können hier nicht tun und lassen was Sie möchten."
„Auch wenn wir uns nichts haben zu Schulden kommen lassen, werden wir jetzt gehen. Eine Unverschämtheit wie man hier behandelt wird. Und so was nennt sich Gourmet-Restaurant. Komm Alma wir gehen!"

Die Lautstärke der Aussage des Gastes hatte dazu geführt, dass rund herum die Gäste tuschelten und verstohlen auf Fred C. sahen, als könnten sie sein Verhalten gegenüber den unschuldigen Kaffeetrinkern nicht verstehen.
Nachdem die Gäste erhobenen Hauptes gegangen waren und bei der Kollegin am Tresen bezahlt hatten blieb Fred C. von Blicken gematert zurück. Noch nie hatte er sich so ungerecht behandelt gefühlt.
Das nächste Gespräch mit Stammgästen am Nachbartisch verlief dann so unterkühlt und knapp, dass Fred C. ohne sich einer Schuld bewusst sein das Schlachtfeld verließ.
Mit dem Bewusstsein eines begeisterten Dienstleisters auf der ganzen Linie verloren zu haben, um die Hausordnung zu verteidigen beendete er seinen Dienst

und zog sich in seine Einzimmerwohnung am Stadtrand zurück. Mit Currywurst und Pommes aus dem Imbiss an der Ecke saß er nun vor dem Fernsehgerät und vernahm die Stimme der Kanzlerin, die zum Thema Service in der Dienstleistung gerade äußerte, dass hier ein jeder an sich arbeiten müsse. Hatte Frau Merkel eigentlich je gekellnert um sich ihr Bundeskanzlerinnen-Dasein zu finanzieren? Wahrscheinlich nicht.

Nicht immer sind Gäste so rebellisch und uneinsichtig. Manchmal sind sie einfach nur unverbesserlich oder hartnäckig.
Und so halten sich Rituale im Umgang von Gästen mit gastronomischem Personal, die zu Zeiten Kaiser Wilhelms oder anderen Geschichts-Epochen gepasst hätten. Doch wir schreiben das Zeitalter der Gleichberechtigung und der Menschenrechte. Es ist an der Zeit lieber Gast das Personal der Versorgungsstätten als normale Arbeitnehmer anzuerkennen und auch gleichwertig zu behandeln.

Überhaupt nicht mehr im Trend der Zeit, aber in der Gastronomie immer noch nicht tot zu kriegen, ist das gute, alte „Hallo Fräulein!"

Rauf und runter wird es in Wirtshäusern, Cafés und Restaurants geschmettert und damit immer die holde Weiblichkeit angesprochen, egal welchen Alters und welchen Familienstandes. In allen anderen Berufssparten ist der Mensch bei „Frau" angekommen und das nicht nur, wenn die Dame verheiratet ist. Nein, selbst direkt nach der Pubertät ist diese Betitelung gängig. Nur in der Gastronomie, da scheint das nicht änderbar zu sein. Dabei geht es den Kellnerinnen dieser Welt darum das anhaftende Dummerchen loszuwerden. Und natürlich den gut gemeinten Klaps auf den Po des Fräuleins. Bei einer „Frau" macht der Mann von Welt das eben nicht. Doch mit „Hallo Fräulein" ist das möglich und das hirnlose Tabletttragen gleich inklusive.

Zugegeben, schwierig ist es schon, wenn eine Bedienung mit „Hallo Frau" herbeizurufen ist.

Die Welt ist hier aufgerufen ein Wort zu finden was der Kellnerin ihren Stolz zurückgibt.

Allerdings sollte der Weg Sie nicht in Richtung der männlichen Variante „Hallo Herr Ober" oder „ Hallo Kellner" gehen. Somit passt „Hallo Frau Oberin" nicht, gehört das doch ins Krankenhaus. Es muss also was Neues her, aber rasch. Sonst ist bald mit der

Retourkutsche „Hallo Gast" zu rechnen. Emanzipation hat immer zwei Seiten.

Zur unerträglichen Variante dieser Problematik wird der Ruf „Hallo Fräulein" für Stefanie F. aus H. erst, wenn ein Pfeifen dazu kommt. Auch ein Schnipsen wird gern von Gästen verwendet, um dem Ruf Nachdruck zu verleihen. Stefanie F. fühlt sich dann als Mensch zweiter Klasse. Selbst unter Dienstleisterinnen und Dienstleistern ist das nicht beliebt.

Reines Schnipsen oder Pfeifen führt bei Stefanie F., wenn es die Zeit erlaubt, zu einem Blick unter den Tisch des Gastes. Auf die Frage des erstaunten Gastes was sie da tue, äußert sie dann nur erstaunt „Ich wollte Ihnen nur helfen Ihren Hund zu suchen, nach dem Sie gepfiffen haben!"
Der Spaß wird vom Kunden als Unverschämtheit empfunden. Das Schnipsen oder Pfeifen hingegen nicht. Seltsame Welt diese Servicewüste Deutschland.

Eine ganz andere Problematik stellt es für einen Kellner wie Klaus D. aus P. dar, wenn Stammgäste auftauchen. Nicht, dass er dann besonders angespannt ist oder dergleichen, das nicht, aber freuen ist auch etwas anderes.

Handelt Klaus D. im Sinne des Stammgastes, dann ist alles gut und der Stammgast gern zu Gast. Dabei sind die dazugehörigen Eigenarten des Gastes ohne Murren zu ertragen. Besonderheiten in der Bestellung, ein Kissen im Rücken, das Schließen der Fenster oder eine zusätzliche Portion Eis beim Dessert sind Normalitäten, die nach Ansicht eines Stammgastes selbstverständlich sein sollten.

Wird allerdings auch nur eine Kleinigkeit der gewohnten Bestellung und des damit Festverbundenen Rituals vergessen oder geändert, ist Gefahr im Verzug. Dann muss der Dienstleister durch den buckelnden Geschäftsführer ersetzt werden, um die Majestätsbeleidigung wieder aufzufangen. Minimum ein Cognac aufs Haus oder eine Tagessuppe gratis. Stammgast ist Stammgast, da muss man sich was einfallen lassen.

Kommt es allerdings zum Super-Gau ist die gesamte gastronomische Existenz in Gefahr. Dieser Fall tritt ein, wenn ein Stammgast außerplanmäßig ohne Reservierung im Lokal erscheint und der begehrte

Stammplatz nicht frei ist. Dann ist Holland nicht nur in Not, sondern der Weltfrieden bedroht.

Die Gewitterfront, die sich dann entlädt ist verheerender als der Besuch des Gesundheitsamtes. Es wird vorgerechnet was der Gast im Laufe der Zeit hier im Laden alles finanziert hat. Wie kann es dann sein, dass sein Platz durch andere, dahergelaufene Gäste belegt ist, fragt der Stammgast dann erbost. Eine Unverschämtheit und Hochverrat dazu. Der Gast geht enttäuscht und wütend davon. Draußen wird er über das undankbare Dienstleisterpack schimpfen. Feste Plätze, bestimmte Gerichte und der Lieblings-Kellner gehören mit der Bezahlung der Rechnung eines Stammgastes dauerhaft ihm. Und zwar bis zum eigenen Todestag. Im Irrtum ist wer das nicht erkennt und die Plätze nicht mit kleinen Messingschildern dauerreserviert.

Der größte Irrtum von Servicemitarbeitern ist es anzunehmen ein Individuum zu sein. Somit das eigene Privatleben aus dem Prozess der Dienstleistung heraushalten zu können. Weit gefehlt. Gerade dieser Einblick ist in allen Preisen der Speisekarte inklusive. Jedenfalls im Gedankengut der Gäste.

Rainer H. aus W. erlebte als Mitarbeiter einer Bankettabteilung eines Tages das nackte Grauen. Wichtig ist ihm wie allen anderen Menschen, seine Privatsphäre aus dem täglichen Arbeitsprozess der Dienstleistung herauszuhalten.

Eine große Familienfeier zum 70. Geburtstag des weiblichen Familienoberhauptes führte ihn dennoch ins ungeahnte Verderben. Rainer H. hatte die Feier mit der Gastgeberin geplant und alles arrangiert. Das Fest lief auf Hochtouren und eine Rede jagte die nächste. Dazwischen Essen und Kirchenlieder, welche die gesamte Familie sang. Rainer H. und seine Kollegen warteten immer am Rand des Festsaales, um bereit sein zu können falls jemand etwas während der Singerei benötigte.

Es war kurz nach dem Dessert als Rainer H. ohne etwas zu ahnen in die „Falle Privatleben" trat. Die Gastgeberin winkte ihn heran. Nichts ahnend und in der Erwartung einen Wunsch nach Kaffee oder Degistiv erfüllen zu können kam er strahlend an ihren Tisch. Das Geburtstagkind hatte sich wie üblich an der mittleren Tafel in die Mitte gesetzt, um alle Gäste überblicken zu können. Nun stand Rainer H. neben ihr und sie deutete ihm kurz zu warten. Er gehorchte und sie stand langsam auf.

Rainer H. wunderte sich ein wenig, da er nun nicht mehr mit einer einfachen Bestellung rechnete. Vielleicht wollte sie ihm etwas zeigen oder der Runde Kund tun, dass es jetzt Kaffee geben würde. Tatsächlich. Es schien eine Ankündigung zu kommen, denn die Dame schlug dreimal mit dem Kaffeelöffel gegen ihr Weinglas und Ruhe kehrte ein. Alle sahen in ihre Richtung und Rainer H. blieb wie gewünscht neben ihr stehen.
Sie vergewisserte sich, ob alle aufmerksam waren und setzte dann an zu sprechen.

„Liebe Gäste, Dank Herrn H. hier und seiner Crew haben wir ein ganz tolles Essen genossen und erleben einen wunderschönen Abend."

Applaus brandete auf und Rainer H. verbeugte sich leicht in seiner Überraschung. Seine Kollegen blieben im Raum verteilt stehen und warteten mit der Erledigung ihrer Aufgaben bis die Rede vorbei sein würde. Der Applaus verebbte und Rainer H. straffte sich wieder. Er kannte diese öffentlichen Danksagungen schon von der einen oder anderen Feier. Es war ihm nicht peinlich. Anerkennung ist schließlich angebracht, wenn der Service stimmt. Die Gastgeberin setzte wieder an.

„Nun weiß ich, dass Herr H. heute mit mir zusammen Geburtstag hat und daher möchte ich Euch bitten mit mir zusammen unserer Tradition zu folgen und ein „Er-lebe-hoch" anzustimmen."

Noch ehe sich Rainer H. aus dieser Peinlichkeit, die gleich starten würde, entziehen konnte, schmetterte die ganze Gruppe los. Eine Strophe nach der anderen folgte und Rainer H. spürte das Blut in seinem Gesicht immer heißer werden. Er wusste nicht wo er hingucken sollte. Die Kollegen konnten sich ein Schmunzeln nicht verkneifen und unterdrückten ein lautes Lachen.

Als das Lied zu Ende war und Rainer H. Erlösung verspürte, blieb ihm keine Chance sich zu bedanken, da die Gastgeberin sofort danach ein „Wie schön, dass Du geboren bist" anstimmte und die Gruppe erneut in die Richtung von Rainer H. schmetterte. Die Kollegen bogen sich innerlich vor Lachen und Rainer H. wäre am liebsten im Boden versunken. Hätte er damals bei der Absprache der Feier nur nichts gesagt. Das hatte er jetzt davon.

Die vier Strophen überstand er nur mit hoch rotem Kopf und Schweiß, der in Strömen den Rücken hinunter flutete.

Zu einer Never-Ending-Story wurde es als das Geburtstagskind nun auch noch einen kleinen Umschlag aus der Handtasche zückte und ein „Happy Birthday" anstimmte. Wieder sangen alle mit und machten aus dem Lied ein „Happy Birthday lieber Kellner".

Das war für Rainer H. zuviel. Nun lachten die Kollegen offenherzig und er sah, dass sogar die Köche wie Honigpferde durch den Türspalt des Saals grinsten. Das war definitiv Folter. Am liebsten wäre er raus gerannt.

Dienstleistung kann so hart sein, wenn Gäste es ohne Ankündigung gut mit einem meinen. Das Trinkgeld in der Geburtstagskarte mit den Maikäfern half auch nicht richtig über das Trauma hinweg. Nur die Gastgeberin war überglücklich, dem Kellner eine wahre Freude bereitet zu haben. Komisch nur, dass Rainer H. das nicht nachempfinden konnte. Er hasste die Dame für ihre Idee und musste sich die restlichen Stunden der Feier mit der Angst auseinandersetzen sie würden erneut für ihn singen. Aus welchem Grund auch immer.

Hier ist für die Therapeuten des Landes Bedarf an Hilfe zu erkennen. Glauben Sie mir es würde sich lohnen, denn Feiern gibt es jeden Tag zu Tausenden und gesungen wird ja auch zu jedem Anlass in Deutschland.

8. Duftallergie

Es ist aus unserem Leben nicht mehr weg zu denken. Es umgibt uns in unserer eigenen Stadt. Millionen Menschen tun es und geben es sogar zu. Gemeint ist das Städtereisen innerhalb der Republik.

Damit verbunden planen die Massen jedes Jahr erneut ihr Vorgehen um die urbanen Gefilde zu erschließen. Es werden Kataloge zum Finden des geeigneten Hotels gewälzt und Preise verglichen. Reiseführer werden mit Post-its bombardiert, damit auch keine Sehenswürdigkeit verloren geht. Der Koffer wird entstaubt und Mutti gezwungen noch kurzfristig die Lieblingsjeans zu waschen. Veranstaltungen werden recherchiert und alles zusammen im Reisebüro oder über das Netz gebucht. Dabei sind sich alle ihres Ziels, ihrer Wünsche und finanziellen Möglichkeiten bewusst. Freude, Spaß und Sicherheit in der Wahl der Hotels begleiten diesen Planungsprozess und in Null Komma Nichts ist die Reise gekauft und alles in trockenen Tüchern. Es kann also losgehen in die weite städtische Ferne. Ab ins Abenteuer der Großstadt, mit ihren bunten Lichtern und überschäumenden Sinneseindrücken.

Pustekuchen! Wenn es so wäre, würden Tausende von Call Center Agents mit Margeriten im Haar täglich im Kreis tanzen und den lieben Gott einen guten Mann sein lassen.

Die Realität unserer hektischen, dreckigen und lauten Metropolen mit ihren gefährlichen Ecken und überteuerten Sightseeings sieht anders aus. Die Hotelflut in den Katalog übersteigt den Verstand und das räumliche Vorstellungsvermögen. Da werden beigefügte Stadtkarten zur Orientierung anscheinend plötzlich unlesbare Schnittmuster und Preislisten zu einem undurchdringbaren Zahlendschungel. Die Planung startet grundsätzlich zu kurzfristig für das Erhaschen von Angebotspreisen oder Frühbucherrabatten und auch in den Veranstaltungen sind die guten Plätze seit Monaten ausgebucht. Es ist eben nicht leicht, kurzfristig ein paar hundert Euro für einen Stadturlaub loszuwerden, wenn der Gattin mal nach einem abwechslungsreichen, romantischen Wochenende mit Candlelight-Dinner ist.

Und so sind die Hotlines der Tourismuszentralen unserer Nation dauerverstopft und die Warteschlangen in den Tourismusbüros so lang als gäbe es Morgen nichts mehr zu kaufen.

In den Telefonleitungen warten auf die Agenten an ihren Arbeitsplätzen immer wieder Menschen, die völlig überfordert, ideenlos und verzweifelt sind, da sie ihren Traum vom schönen Wochenende davon schwimmen sehen. Sie hoffen wie Ertrinkende auf den Rettungsring auf dem „Dienstleistung" steht und der gefüllt ist mit allen guten Sachen, die ihr Anliegen befriedigt und ihre Ängste wie Seifenblasen zerplatzen lassen.

Sven W. aus A. gehört zu dieser menschlichen Gruppe der Helfenden. Er sitzt täglich seine 8-Stunden-Schicht am Telefon und unterstützt beratend und verkaufend die Menschen, die anrufen, weil sie in seiner Stadt ein paar schöne Tage erleben möchten. Sicher, er kennt ihre Belange und Sorgen, aber es erstaunt ihn auch immer wieder wie ratsuchend und desorientiert manche durch ihr Leben treiben.
Aus einer Befürchtung heraus hatte Sven W. einmal die Fälle hochgerechnet, die ihn während eines Tages am Schreibtisch in die Verzweiflung trieben. Nicht weil sie nicht lösbar gewesen wären oder er nicht hätte helfen wollen, sondern einfach weil die Kunden völlig

planlos waren und ihre Einwände und Fragen ihn verständnislos zurückließen.

So kam Sven W. bei einer jährlichen Übernachtungszahl von gut 2,3 Millionen Gästen und mit einem Ergebnis seiner Strichliste, welche schwarz auf weiß darlegte, dass jeder 10. Anruf ein echter Problemfall war, auf sage und schreibe 230.000 Touristen, die jährlich hilflos und planlos auf dem Weg in seine Stadt waren. Ängstlich hatte Sven W. an dem Abend der Erkenntnis das Büro verlassen und war jedem Touristen ausgewichen. Schließlich waren die Leute am Telefon nicht in der Lage ein Hotelzimmer zu reservieren. Das machte ihm begründete Angst.

Heute war Donnerstag und Sven W. gut gelaunt in die Schicht gegangen. Seine Strichliste hatte bisher trotz der vielen Anrufe erst zwei neue Striche erhalten. Einen wegen der Frage nach einem Hunde-Swimmingpool für den mitreisenden Cocker Spaniel und einen für die Frage, ob der Bahnhof das Gebäude sei, an dem die Züge abfahren würden.

So viel Glück konnte nicht lange gut gehen, hatte Sven W. sich noch vor fünf Minuten gedacht und sollte jetzt mit dem Folgeanruf das herbeigerufene Unheil auch erleben müssen. Es klingelte im Kopfhörer einmal kurz auf und schon war die Kommunikationsbahn frei für den nächsten Kunden, der auch gleich zu hören war.

„Muschi, ich glaub jetzt bin ich durch!"

War Sven W. jetzt in den Sex eines Paares geplatzt, die zu lange warten mussten oder hatte der Kerl mit der Schlagbohrmaschine die Leitung angebohrt und wusste nicht, dass er jetzt live gehört wurde, während er für Muschi ein Wandregal anbrachte? Vorsichtshalber meldete Sven W. sich ordnungsgemäß.

„Einen Schönen Guten Tag hier ist die Hotelbuchungs-Hotline, mein Name ist Sven W. Was kann ich für Sie tun?"
„Siehste Muschi, ich bin dran. Ja Schönen Guten Tag auch Herr W. Mein Name ist Rainer Geil."

Na, das passt ja zu Dir, dachte Sven W. und schmunzelte leicht. Erst die Liebste mit Muschi titulieren und dann auch noch Geil heißen.

„Herr Geil, wie kann ich weiterhelfen?"

„Meine Frau möchte dieses Wochenende unbedingt mal raus und da hatten wir an Ihre schöne Stadt gedacht."
„Das ist doch eine gute Idee. Ist ja auch eine ideale Jahreszeit, um sich unsere Stadt in Ruhe anzuschauen."
„Das denke ich auch. Was ist Muschi? ... Ja gut. Frage ich ihn gleich."

Muschi schien im Hintergrund zu sitzen und das Gespräch nur einseitig zu verfolgen. Solche indirekten Gesprächspartner waren immer ein Graus für das ganze Gespräch. Die Partei der „Ruf Du mal bitte an, Schatz, Du kannst das besser" Menschen, war nicht in der Lage den Partner wirklich auch das Gespräch führen zu lassen. Kommentare waren das Mindeste. Meist gefolgt von Zwischenfragen und der Abfrage des derzeitigen Standes des Ergebnisses.

„Wir brauchen ein Zimmer in der Innenstadt."
„Ja, gern. Was für ein Hotel schwebt Ihnen da vor Herr Geil?"
„Eins mit Übernachtung, aber bitte ohne Halbpension."

Wow, da ist ja einer ganz schlau, denkt sich Sven W. Mit Übernachtung. Immerhin soll nicht einfach nur der Koffer im Trockenen stehen.

„Aber mit Frühstück?"
„Auf jeden Fall oder Muschi?"

Zustimmungsgemurmel aus dem Hintergrund schien Muschis Einverständnis zu demonstrieren.

„Ich schau mal eben im Reservierungssystem was noch zu bekommen ist."
„Er schaut nach Muschi."
„Hier hätte ich das Hotel Kleeberg, drei Sterne mit Frühstücksbuffet und freier Saunanutzung."
„Welche Seite ist das?"
„Wie welche Seite ist das?"
„Na, in Ihrem Katalog."
„Ach, Sie haben unseren Katalog vorliegen. Das ist gut, dann können Sie immer gleich schauen, ob Ihnen das Haus zusagt. Das Hotel Kleeberg finden Sie auf der Seite 112.
„112, Muschi!"

So wie er Muschi die 112 zuruft klingt es, als ob Feuer ausgebrochen ist und Muschi nicht weiß, wen sie anrufen soll, denkt Sven W. amüsiert. Es dauert einen Augenblick bis Muschi die Seite gefunden hat und ihr Urteil folgt.

„Hier steht, dass das Hotel in der Ludolphstraße 32 liegt. Ist das direkt in der Ludolphstraße?"
„Äh, ja. Das liegt in der Ludolphstraße."
„Ist da Rotlichtmilieu zu erwarten?"

Sven W. geht gedanklich die Ludolphstraße entlang und sieht außer den gewöhnlichen, beschaulichen Patrizierhäusern keine Auto-Korsos oder gelangweilten Nutten herumstehen.

„Nein, das ist eine sehr zentrale Wohngegend."
„Nee, dann lieber nicht. Wir wollen ja auch was erleben. Nicht wahr Muschi?"
„In Ordnung. Dann schauen Sie mal bitte auf die Seite 65. Das Ikarus Inn und Parkhotel. Nicht weit vom Nachtleben und sehr schön gelegen."
„Oh, ins Ikarus können wir nicht gehen, da sind die Zimmer immer parfümiert."
„Und das mögen Sie nicht so gern?"

„Nein, darum geht es nicht. Aber meine Frau ist Duftallergisch!"

Entgeistert starrt Sven W. auf das Display. Hatte er richtig gehört? Duftallergisch? Gab es das? Und wenn, wie konnte man dann existieren, wo doch letztendlich alles duftete? Sven W. fiel so schnell nichts ein, was nicht nach irgendetwas duftete. Schweinbraten, Socken, Hundescheiße. Alles roch doch irgendwie. Ohne sich diesem Gedanken hingeben zu wollen kehrte er ins Gespräch zurück.

„Also, dann schaue ich mal weiter."
„Haben Sie nicht neben Ihrem Angebot aus dem Katalog noch Geheimunterlagen?"
„Wie bitte? Was soll ich haben?"
„Na, so geheime Unterlagen mit Hotels, an die sonst keine Kunde über das Internet oder so kommen?"

Geheimagent 0815 im Auftrag des Bürgermeisters. Was stellte sich dieser Mann vor, fragte sich Sven W. Glaubt der Typ ich habe ein Kontingent Zimmer unter dem Schreibtisch zu verkaufen, wie ne gute Prise Koks? Oder, vielleicht dachte er, dass sich hinter einem getarnten Eisenwarenladen ein Hotel der

Extraklasse versteckt. Egal, der kleine Neffe von James Bond war Sven W. nicht und die Hotels schlugen auch alle Zimmer direkt los, um Geld zu verdienen.

„Herr Geil, wenn ich so etwas hätte, dann wäre ich wahrscheinlich sehr reich und würde hier nicht mehr arbeiten oder die Hotels wären schlecht dran, weil keiner außer mir davon wüsste."
„War ja auch nur ne Frage. Nee, hat er nicht Muschi. Nur, das was er im PC hat."
„Gerade bekomme ich ein Zimmer im Regent frei gemeldet. Direkt in der City. Alles gut zu Fuß zu erreichen."
„Was kostet das Zimmer?"
„110 € pro Person mit Frühstück im Deluxe-Zimmer."
„Und für 2 Personen?"
„Das Doppelte, also 220 €."

Rechnen war offensichtlich nicht die Stärke von Herrn Geil. Oder Muschi konnte im Hintergrund nicht so gut mit dem Taschenrechner umgehen, das konnte natürlich auch sein.

Ja, das gute 1x1 war schon voller Tücken, daran erinnerte sich Sven W. jetzt als er an die Grundschule zurückdachte.

„Ok.! Meine Frau ist einverstanden."
„Sehr schön Herr Geil, dann buche ich Ihnen das Hotel fest ein und Sie zahlen die Summe dann bitte im Hotel."
„Ja gut! Zahlen im Hotel Muschi."
Ich bräuchte bitte Ihre Anschrift."
„Jägergasse 1, 90909 Tarpenheide."
„Und bitte noch eine Rufnummer."
„Unsere Telefonnummer ist in Tarpenheide 208037. 20 war ich, 80 will ich werden und 37 bin ich."

Oh, da hat sich ja einer eine ganz tolle Eselsbrücke gebaut. Sven W. ist von soviel Intellekt schwer beeindruckt, lässt seiner Begeisterung aber keinen freien Lauf und beendet das Gespräch einfach bevor noch irgendetwas Ansteckendes durch den Hörer in sein Ohr kriecht und er auch solche Eselsbrücken bildet. Zumal seine Nummer acht Ziffern hat. Was würde er dann aus der 11 am Ende machen?

„Ah, ich verstehe. Ich habe die Nummer notiert und das Hotel erwartet Sie."

„Toll! Hat geklappt Muschi."

„Ihnen viel Spaß Herr Geil und Grüße an M... äh ...Ihre Frau."

„Danke und Tschüß."

Fast wäre er in die Falle mit Muschi getappt. Glück gehabt. Seltsames Gespräch denkt Sven W. Genüsslich malt er einen weiteren Strich auf seine Liste. Ob Herr Geil sich wohl im Hotel auch mit Rudi und Muschi Geil einträgt? Vielleicht sollte er den anderen Dienstleister im Hotel netterweise informieren. Aber wozu? Spaß muss sein.

Das richtige Hotel zu finden scheint ein weit verbreitetes Problem zu sein. Selbst wenn das Hotel gefunden ist und die Agenten in den Hotlines denken, jetzt hätten sie alles überstanden, rufen die Kunden zur Sicherheit noch ein- oder zweimal an, um ganz sicher zu sein, dass alles glatt geht und sich niemand an irgendeiner Stelle geirrt hat.

Manchmal sind es aber auch bestimmte Details einer Buchung, welche zwar schwarz auf weiß zu lesen sind, wenn die Buchungsbestätigung eintrifft, aber im Verständnis der Kunden keinerlei fruchtbaren Boden finden, um verstanden zu werden. Im Kunden gibt es da allerdings einen Notanker, die telefonische Rückfrage, der genutzt wird. Jedenfalls lässt die häufige Nutzung dieser hilfreichen Unterstützung durch die Dienstleister darauf schließen.

Camilla O. aus B. erinnert sich gern an ein Gespräch vom letzten Monat. Ein Kunde, mit dem sie einen Aufenthalt in einem sehr guten Hotel gebucht hatte, rief erneut an und verlangte explizit mit ihr zu sprechen. Dieses Phänomen ist weitläufig zu beobachten. Wahrscheinlich ist der Grund für dieses Verhalten darin zu suchen, dass die Buchung an sich schon als sehr schwierig empfunden wurde, da sie mit vielen Entscheidungen zusammenhing. Deswegen muss der Mitarbeiter auch wieder an den Vorgang herangezogen werden, da eine ergänzende Information niemals von einer anderen Fachkraft gegeben werden könnte. Es handelt sich schließlich meist um ganz seltene, schwierige Frage, die man in guten Händen wissen möchte.
Und so kam Camilla O. auch gleich eine Welle der Erleichterung entgegen, als sie sich ins Gespräch, das

verbunden wurde, einschaltete. Nach der Begrüßung und der Frage, ob alles in Ordnung sei, wurde zögerlich bejaht und dann sofort die lauernde, das Leben bedrohende Frage gestellt.

„Auf der Bestätigung des Hotelzimmers steht, dass die hauseigene Garage kostenpflichtig ist. Wir reisen aber mit der Bahn an und besitzen gar kein Auto. Müssen wir die Garage dann trotzdem bezahlen?"

Camilla O. brauchte einige Zeit, um zu realisieren, dass sie nicht von versteckten Kollegen veralbert wurde, sondern gerade vor der ernst gemeinten Frage eines echten Kunden stand.
Sie konnte die Befürchtung allerdings mit einem ganz fürsorglichen „Nein, müssen Sie nicht!" aus der Welt schaffen. Der Kunde atmete auf und fühlte sich beruhigt, da er das Zimmer sonst hätte stornieren wollen.

Manch einer ist aber auch verunsichert, wenn die Bestätigung eintrifft und neben den Zahlen, die den Preis darstellen, noch andere verwirrende Symbole und Zeichen stehen. Stößt ein Gast auf die Zahl 100 und wird diese nicht nur vom

€-Zeichen verfolgt, sondern auch von dem Zusatz „pro Person im Doppelzimmer", dann lohnt sich ein Anruf beim zuständigen Agent schon. Der kann dann auf die Frage des Anrufers „Wenn da steht pro Person im Doppelzimmer, heißt dass dann pro Person im Doppelzimmer?" mit einem beruhigenden „Ja" antworten. Der Zusatz des Reisenden „Das ist dann aber teuer!" hat dann kein Gewicht mehr, da aus Erfahrung des Agent, diese Reservierung eine halbe Stunde später im Folgetelefonat eh wieder storniert wird. Es muss doch Hotels geben, die nicht pro Person im Doppelzimmer berechnen, wird der Gast äußern und sagen „Dann gebe ich lieber 200 € aus, aber dafür ist der Preis dann für beide."

Einige Kunden stellen aber auch nach einer gelungenen Buchung in weiteren Anrufen Fragen, die nur indirekt mit der Hotelreservierung zu tun haben, dafür aber nicht weniger beängstigend wirken, da sie den Ablauf eines schönen Urlaubes gefährden könnten.
So ist die berechtigte Frage nach der Entfernung des Musicaltheaters vom Hotel eine ganz einfache und oft gestellte Frage, die jeder Agent, der einen Stadtplan hat, schnell und gern beantwortet. Ist die Antwort

dann gegeben und der Kunde weiß nun, dass die Entfernung 10 Minuten mit dem Auto beträgt, ist die ergänzende Frage „Und wie weit ist es dann mit dem Taxi?" allerdings mit gemischten Gefühlen zu betrachten und eine Antwort gut auszuwählen.

Fast nicht zu lösen sind Anliegen, wie das von einem Kunden, der bei Irma S. aus S. anrief. Sie hatte in Ihrem bayrischen Tourismusbüro nicht nur das Hotel gebucht, sondern auch das Ausflugsprogramm zusammengestellt. In diesem nun dritten Gespräch wurde die Frage thematisiert, ob das Hotel denn auch Meerblick hätte. Außer einer Enttäuschung konnte Irma S. nichts für Ihren Kunden tun. Er hatte den Namen des Hotels falsch gedeutet und war nun am Boden zerstört. Falls Sie jemals in den Bergen ein Hotel buchen und das Hotel heißt „Atlantik", dann muss das zwangsläufig nicht am Wasser liegen. Beim Hotel „Zur Post" wollen Sie ja auch zu Weihnachten keine Pakete los werden, oder?

9. Biologisch Denken

Köche sind die Künstler unserer Zeit. Servicekräfte Ihre Agenten, welche die Kreationen an den Gast bringen. Wie in der Kunst liegt der Geschmack im Auge des Betrachters. Oder besser gesagt, im Mund des Verzehrenden. Da geht es um Raffinesse, Geschmackserlebnisse und Gaumenfreuden, die immer wieder neu erfunden werden wollen. Es ist ein hartes Geschäft mit dem Angebot von Leckereien. Denn der Markt der Lokalitäten ist voll. Total voll. An jeder Ecke gibt es Speisen und den dazugehörigen Service zu erwerben. Wenn auch zwischen Imbissbude und Gourmettempel immer noch Welten liegen. Der Gast ist der Kunde und immer hungrig. Das Preis-Leistungsverhältnis muss stimmen und das Ambiente zum erwarteten Gericht passen.

Doch einfaches Abspeisen wie noch vor Jahrzehnten ist heutzutage nicht mehr drin. Kunde König ist informierter denn je. Vielleicht sogar etwas zu übersensibiliziert durch den Medienrummel um die Nahrungsmittel, aber die Gefahren lauern eben überall. Und so auch in den heutigen Lebensmitteln, die nicht nur im Supermarkt darauf lauern unsere teuer erworbene Keimfreiheit zu zerstören.

Gemüse muss mindestens biologisch sein, wenn nicht gar gesund. Kaffee muss fair gehandelt werden, auch wenn das kaum einer wirklich verfolgen kann, was da finanziell wo ankommt. Die Rinder und anderen Schlachttiere müssen vor Freiheit die Zäune in der Ferne nur noch erahnen können und die Hühner brauchen einen Topboden zum Scharren und glücklich sein. Das Schwein kommt vor dem Schlachten ins Wellness-Bad zum Stressabbau und der Joghurt muss vor Kulturen nur so strotzen. Salat darf wieder natürlich welken und Äpfel wieder Würmer haben. Hauptsache back to the roots.

Das sich diese Marketing-Strategien und Qualitätsprodukte auch in den Dienstleistungssektor der Gastronomie etabliert haben, ist kein Geheimnis mehr. Der Gast fordert Gesundheit und bekommt Gesundheit. Alles gut soweit. Wenn da nicht dieses schreckliche Problem mit der Haltbarkeit wäre, welches die Lagerhaltung verteuert. Das und der höhere Einkaufspreis lassen das Jägerschnitzel BIO auch schnell mal preislich zum Hummer werden. Ob König Gast das so gewollt hat, bleibt oft zu fragen übrig, wenn Gerichte mit Wucher betitelt werden und Kellner zu Halsabschneidern werden.

Man wolle nur den Hunger stillen und nicht den ganzen Laden kaufen, sind dann Argumente, die letztendlich doch zur normalen Variante des Gerichtes zurückführen. Die Gefahr der Verseuchung durch Gifte und die eventuell geschädigte Gesundheit sind eben manchmal doch nicht so ein großes Schreckgespenst, wenn sich dadurch ein paar Euro sparen lassen.
Außerdem ist an einer späteren Erkrankung sowieso der Gastronom oder Kellner Schuld, weil er für die hohen Preise verantwortlich zeichnet, die der Gast sich nicht gönnen wollte. Aber bis Gesundheit auf Biobasis in den Speisekarten der Republik bezahlbar wird, werden die Kellner und Kellnerinnen noch so manches Gefecht am Tisch zu bestreiten haben.
Solange die Hühner glücklich und die Schweine stressfrei bleiben wird weiter gekämpft. Es lebe die Natur!

Einer dieser an der Front Kämpfenden ist Jens K. aus I. im flacheren Teil unseres Landes. Der Betrieb liegt am Rande der Stadt in einem schönen Waldstück und wird gern von Ausflüglern des nahen Kunstparks besucht, um dort die Mahlzeiten in Mutter Natur zu genießen. Jens K. bereitet das Bedienen und Beraten der hungrigen Besucher generell Freude. Doch, wenn eine ganz besondere Sorte Gäste aufkreuzt, dann würde er am liebsten das Weite suchen und lieber irgendwo in der Pampa Rasen mähen.

In der letzten Zeit hat sich nach seinem Gefühl eine Gruppe Gäste etabliert, die zum einen besonders kunstinteressiert ist und zum anderen sehr am Leben hängt. Sie legen wert auf kreative Gerichte, gesunde Küche und nachhaltige Landwirtschaft. Und daher ist es bei manchen Bestellungen für Jens K. schwierig den Wünschen gerecht zu werden, da nicht immer alles, was vom Gast als selbstverständlich gesehen wird, machbar ist. Geschweige denn in einer kurzen Zeit zu besorgen wäre.

Ein typischer Samstagnachmittag im Lokal. Die Hälfte der Gäste sitzt trotz kühlerer Temperaturen draußen im Biergarten, der Rest wegen der Angst vor Verkühlung in der Jägerstube. Jens K. ist mit seiner Kollegin allein für alle Tische zuständig und es geht ein wenig hektischer zu, wenn einer der Beiden draußen zu tun hat.

Genau in dieser noch überschaubaren, aber hochkonzentrierten Situation taucht ein Pärchen auf und setzt sich nahe an den Kamin, der nicht lodert. Jens K. sieht gleich bei der Begrüßung, dass die Dame garantiert Künstlerin ist, wie ihr sehr kreativer Look verrät und der Herr sieht mit seiner wilden Frisur und der Pfeife aus wie ein Professor im Ruhestand. Beide wirken etwas ausgemergelt und die Gesichtshaut besonders ledern. Doch sie lächeln anerkennend freundlich als Jens K. nach einer paar Minuten zur Bestellungsaufnahme an den Tisch kommt.

„Einen schönen, guten Tag die Herrschaften. Wissen Sie schon was Sie bestellen möchten?"
„Hallo junger Mann. Wir hätten gern für meine Lebensgefährtin einen nicht zu heißen Jasmin-Tee und ein Stück Mandel-Vollkornkuchen. Für mich bitte nur ein Käsebrot ohne Fettaufstrich mit etwas Gurke oder Tomate und ein stilles Mineralwasser, aber bitte nicht gekühlt."

Super. Da sind sie wieder meine drei Probleme, denkt Jens K. Wieder hatte er das Glück Gäste zu bewirten, die sich nicht die Mühe machten, die auliegende Karte zu studieren, die davon ausgingen, dass ihr

Kühlschrankinhalt auch in jeder Gastronomie zu finden war und die meinten, dass gesundes Essen sie auf eine andere Bewusstseinsschiene brachte.

Mit dieser Erkenntnis hatte er jetzt die leidvolle Aufgabe, die Bestellung so weit mit den Gästen zu verändern, dass der Koch ihn nicht töten würde und die Gäste ihn nicht als Umweltsünder verdammen könnten.

„Leider können wir nicht alle Ihre Wünsche in der Form erfüllen, wie von Ihnen bestellt."

„Wenn Sie keine Gurken oder Tomaten da haben, nehme ich auch Radieschen oder Möhrenscheiben, kein Problem. Wir sind da flexibel."

Wie flexibel ihr seid wird sich ja gleich noch zeigen, dachte Jens K. in dem Bewusstsein, eigentlich kaum etwas von der Bestellung auch liefern zu können. Seine Antwort formulierte er hingegen vorsichtig.

„Gurken und Tomaten haben wir genug da, daran scheitert es nicht."

„Ach so, na von mir aus kann das Mineralwasser auch ruhig kalt sein. Dann lass ich es einen Augenblick stehen bis es die Raumtemperatur angenommen hat."

Wie lange wollte er da warten, fragte sich Jens K. Von guten 6 Grad auf 18 Grad zu kommen braucht auch ein Wasser in der Flasche gut und gerne eine dreiviertel Stunde. Minimum. Und gern würde er dann schon die Abendgäste begrüßen.

„Auch diesen Wunsch können wir Ihnen erfüllen."
„Was ist es denn dann, was Sie nicht haben?"
„Also, Ihre Bestellung mein Herr ist kein Problem. Die der Dame hingegen schon."
„Wieso?"
„Wir haben weder Jasmin-Tee im Programm, noch bieten wir Vollkornkuchen."

Zum ersten Mal blickte die Dame von ihrem Buch auf und nahm Jens K. fest ins Visier. Er fühlte sich plötzlich nackt und entlarvt. Doch warum? Er hatte sie weder beleidigt, noch sich lustig gemacht. Er hatte lediglich gesagt was Sache war und das Unternehmen bieten konnte. Mit einem Schlag löste sich das ernste Gesicht auf und gönnerhaft liebeswürdig blickte sie seitlich auf Jens K.

„In Ordnung. Dann nehme ich einfach einen Jogi-Tee und einen Apfel-Pfannkuchen mit Honig."

Jetzt wurde das Eis auf dem sich Jens K. befand richtig dünn. Eine weitere Verneinung würde nicht gut gehen. Doch er konnte auch nicht eine Bestellung annehmen, die den Koch richtig in die Scheiße bringen würde. Zumal er den Jogi-Tee ersatzlos ablehnen musste.

„Seien Sie mir nicht böse, aber Jogi-Tee führen wir nicht. Wir haben Pfefferminz, Hagebutte und Schwarzen Tee. Das ist leider alles an Teesorten."
„Oh! ..."

Das „Oh" war für den Geschmack von Jens K. eine deutliche Spur zu lang und zu giftig. Wie wurde er nun das Pfannkuchenproblem los?

„Dann junger Mann, nehme ich zur Not einen Pfefferminz-Tee. Aber schön frisch."
„In Ordnung. Gern. Für den Pfannkuchen spreche ich gern mit der Küche, ob wir das außerhalb der Karte hinbekommen."

„Na, Sie werden doch einen einfachen Pfannkuchen zaubern können und einen Apfel haben, den Sie da rein schnibbeln können?"
„Ich werde sehen was ich machen kann."

Damit verließ Jens K. den Tisch, um in der Küche Schönwetter zu machen für das Projekt Apfel-Pfannkuchen. Manche Leute denken doch tatsächlich, dass die Köche in der Küche Däumchen drehen und warten bis sie endlich etwas wie einen Apfel-Pfannkuchen zubereiten dürfen, ärgerte sich Jens K. über diesen zusätzlichen Aufwand.

In der Küche konnte sich der engagierte Dienstleister dann gerade noch ducken, als der Küchenchef mit dem Handtuch nach ihm schlug. Mit einem „Ja, und jetzt verpiss Dich, ich habe zu tun" wurde Jens K. aus der Küche gespült und schlug wieder im Gastraum vor dem Tisch des Paares auf.

„Der Küchenchef hat mit Begeisterung zugestimmt. Er hat mich aber gebeten Ihnen auszurichten, dass es ein paar Minuten dauern könnte, da er den Teig erst frisch ansetzen muss."

„Oh, wie schön, dass es klappt. Das freut mich. Dann bitten Sie den netten Herrn doch noch darum, wenn er sich die Mühe sowieso schon macht, dass er braunen Rohzucker verwendet und nicht dieses schädliche weiße Zeug."

War die gute Frau nicht ganz dicht, grollte Jens K. in sich. Ich gehe doch nicht noch einmal in die Höhle des Löwen bevor nicht die Glocke ein Zeichen gibt das etwas zum Servieren auf dem Pass steht. Ich kann mich auch selbst durch den Fleischwolf drehen.

„Ich werde gleich noch einmal Bescheid geben. Das ist sicher gar kein Problem."
„Toll. Vielen Dank."

Jens K. verließ den Tisch in Richtung Küche und bog kurz davor zum Lager ab und wartete in dem Hinterhalt kurz ab. 21, 22, 23 raus. Auf direktem Kurs zum Tisch nahm er noch schnell den Pfefferminz-Tee und das stille Wasser mit und servierte beides.

„So die Getränke."
„Vielen Dank. Und haben Sie nachgefragt?"

„Selbstverständlich. Das geht in Ordnung. Wir haben braunen Zucker da."
„Siehst Du Karl, es gibt schon Gastronomiebetriebe die Mitdenken und die Gesundheit der Gäste im Blick haben. Sehr gut junger Mann, weiter so."

Mit einem breiten Lächeln und einem ergaunerten Lob in der Tasche zog Jens K. davon. Lügen kommen immer irgendwann heraus, hatte sein Vater immer prophezeit.
15 Minuten später rief die Küchenglocke deutlich lauter und Jens K. wusste, dass er gemeint war und der Apfel-Pfannkuchen ihn erwartete. Er erntete einen der bissigsten Blicke des Küchenchefs, der ihm deutlich sagte „Komm damit nie wieder an". Doch was er dann beim Blick auf den Teller erblickte brachte ihm das drohende Bild seines Vaters vor Augen. Zucker! Überall weißer Zucker! Auf dem Pfannkuchen, über dem Honig und den Tellerrand gestreut. Was sollte er jetzt nur tun? Nur der gebrüllte Sturm des Chef de ciusine ließ ihn den Teller nehmen und durch die Tür in den Gastraum starten.

„Sieh zu Du Depp, der wird kalt."

Draußen bog Jens K. schnell noch einmal in sein Versteck am Lager ab. Pusten, ich muss es runter pusten, war alles was er dachte. Nach gut 20 Pustern war das Gröbste herunter. Der Rest musste jetzt untergehen oder er war geliefert.

„So Ihr Käsebrot und der Apfel-Pfannkuchen mit Honig."
„Prima. Hm...schaut lecker aus."

Jens K. blieb eine Spur zu lange stehen, um nicht bemerkt zu werden. Aber seine Angst Sie könnte die Zuckerkrümel entdecken war einfach zu groß. Er bastelte schon einmal an einer Entschuldigung.

„Ist noch etwas?"
„Wie bitte? Äh, ... Nein. Guten Appetit."
„Danke."

Aus der sicheren Entfernung der Theke beobachtete Jens K. das Paar und sah dass die ersten Bissen anerkennend genossen wurden. Er wollte sich gerade in Sicherheit wiegen, da wurde er von der Dame herbei gewunken.

„Ja, bitte?"
„Es schmeckt ganz ausgezeichnet. Und der Honig schmeckt vorzüglich. Sicher Waldhonig aus der Region, oder?"
„Ja, das ist ein Honig aus der Region, richtig."
„Ganz fein. Ich denke wir kommen Morgen wieder und dann werden wir davon zwei bestellen."
„Wie schön. Das freut die Küche bestimmt zu hören, dass Sie so zufrieden sind."
„Bringen Sie mir dann bitte noch einen Mangosaft."

Mist, jetzt wurden die Beiden auch noch zu Stammgästen und Jens K. befürchte demnächst im Kühlhaus am Fleischerhaken zu enden. Und nun auch noch Mangosaft.

„Leider haben wir keinen Mangosaft im Angebot, da muss ich Sie erneut enttäuschen."
„Ach ist ja auch glaube ich nicht die richtige Zeit für Mangos. Dann nehme ich einen Rhabarbersaft."

Nicht die Zeit für Mangos? Dachte die Dame etwa wir pressen selbst? Meine Güte wo lebten die Leute denn auf einem Bio-Hof mit Südsee-Anschluss? Jens K. staunte und fragte sich gleichzeitig, ob man aus

Rhabarber überhaupt Saft pressen konnte bei dem sauren Zeug.

„Tut mir leid, aber solch exotische Säfte führen wir nicht, auch wenn jetzt vielleicht die Zeit für Rhabarber ist. Wir haben Apfelsaft, Orange und Johannisbeere."
„Seltsam ist das schon, aber dann muss ich wohl oder übel Johannisbeere nehmen."
„Sehr gern. Kommt sofort."

Danach bestellten die Herrschaften außer der Rechnung nichts Weiteres und ließen sogar ein ansehnliches Trinkgeld da. Jens K. hatte trotzdem bis zum nächsten Dienst am Folgetag unruhige Stunden, fürchtete er doch, dass er das Paar erneut mit Apfel-Pfannkuchen versorgen müsste. Allerdings war seine sorgenvolle Nacht unbegründet, denn das Paar tauchte nie wieder auf. Allerdings übernahmen andere Gäste diesen Part und der Küchenchef fand somit immer wieder Gründe ihn zu verfluchen. Am Fleischerhaken endete Jens K. jedoch zum Glück bisher nie. Die stressfreien Schweine hingegen schon.

Aber nicht immer haben Servicekräfte solch ein Glück wie Jens K., dessen Kunden mit der Illusion eines gesunden Essens schon zufrieden waren. Wahre Verfechter der Öko-Kost und des Health-Food gehen da vehementer vor oder zweifeln zumindest erst einmal kategorisch alles an. Denn erzählen können Dienstleistende ja viel, da sie mit allen Mitteln an Umsatz kommen wollen. Das diese Berufssparte davon leben muss ist zweitrangig, wenn es darum geht seinen Körper von gefährlichen Stoffen fern zu halten. Natürlich versuchen Köche und Gastronomen gesundes Essen zu produzieren, doch schmecken sollte es schon und auch einen Leckerbissen für die Augen darstellen. Sonst kann jeder Besitzer seinen Laden bald schließen. Und mal ehrlich gesprochen, Dinkelschnitzel mit Biolauch und Tofuwürfeln nur mit Meersalz und ein paar Küchenkräutern gewürzt ist optisch sehr fade und geschmacklich nicht jedermanns Sache.

Bei Vivian T. aus U. war der Fall fast schon extremistisch gelagert. Sie bedient in einem Bistro und die Karte bietet von Salaten über Suppen und Desserts einfach eine gute Auswahl an netten Kleinigkeiten. Nachmittags war nie ganz so viel zu tun und so freute sich Vivian T. darüber, dass zwei Frauen hereinkamen und gleich zur Speisekarte griffen.

Schön, dachte Vivian T., dann geht der Nachmittag umso schneller rum. Mit diesem netten Gedanken hatte sie sich dem Tisch genährt und war bereit die Bestellung aufzunehmen.

5 Minuten später sollte sie ihre Meinung ändern und sie sich wünschen die Beiden wären nie erschienen. Der Grund dafür waren eigentlich nicht die Gäste an sich, sondern eher die Art mit Vivian T. umzuspringen und ihr das Arbeitsleben zu versauern. Auf ihre Frage was sie denn bringen könnte, konterte die Sprecherin der Damen, dass sie zwei schnelle Theater-Salat bräuchten. Vivian T. wusste genau welche Salate im Angebot standen, aber ein Theater-Salat war nicht darunter. Also fragte sie nach.

Zur Antwort bekam sie die ungeduldige Mitteilung ein Theater-Salat sei ein Salat, der schnell zubereitet sei und nicht belaste, da man danach ja noch gut 2 Stunden im Theater säße. Die Damen beteuerten zwar um diese Uhrzeit nicht ins Theater zu wollen, aber auf Leichtigkeit wert zu legen. Vivian T. verstand und bot einen City-Salat an. Mit Hühnchenbrust, Früchten, Nüssen und einem leichten Dressing.

Das fand Anklang, aber die Sprecherin wollte die Bestellung nur zulassen, wenn der Salat definitiv aus biologischem Anbau sei. Nun wussten die Ladies nicht, dass Vivian T. im 5. Semester studierte und nur zum Spaß blonde Haare hatte.

Biologisch wuchsen alle Pflanzen, denn die Silbe „Bio" stand für Leben. Und Salat war bis zur Ernte generell lebendig und wurde sogar nach dem Schnitt weiter als solches angesehen. Anbauen musste man ihn auch, also war alles im Sinne der Kundin zu beantworten.
Dass sich ausgerechnet jetzt die andere Dame zum ersten Mal zu Wort meldete war Pech.

„Du meinst ökologisch angebaut Julienne!"

Die Dienstleistende Vivian T. guckte verdutzt. Julienne? Die Sprecherin hieß „Gemüsestreifen"? Das passte ja. Natürlich erinnerte sich der „Gemüsestreifen" an die richtige Bezeichnung und gab zu Protokoll sich geirrt, aber genau das gemeint zu haben.
Vivian T. verstand den Wunsch nach möglichst giftfreiem Salat, der die Natur durch seinen gezüchteten Wuchs nicht beeinträchtigte und verneinte das Ganze.
Völlig aus der Fassung hagelte es eine Flut von Vorwürfen. Wie man seelenruhig zusehen könnte wie

die Natur zugrunde ging? Ob Vivian T. kein schlechtes Gewissen habe, dass so viele Delfine sterben würden und die Wälder krank wären?

Bei der zweiten Verneinung war die Empörung nicht mehr auszuhalten und eine Verweigerung einer Bestellung war die Folge. Viviane fragte unbeeindruckt von dem fehlenden Umsatz, ob denn die beiden Weißweine trotzdem gewünscht wurden, auch wenn diese nicht vom Öko-Winzer seien.

„Selbstverständlich nehmen wir den Wein. Da ist der Unterschied eh nicht zu merken!"

Nach dem Servieren der Getränke überlegte Vivian T. an der Theke, ob die beiden Damen wirklich der Meinung waren, der Salat schmecke anders, wenn sie nicht wüssten, ob er ökologisch angebaut wurde.
Egal, dachte sie, Fakt ist Salatanbau im Treibhaus tötet keine Delfine und da Salat nicht im Wald wächst, auch diesen nicht. Sie würde aber sofort zuhause nachlesen, ob beim Ökoanbau nicht Mist benutzt wurde. Denn Rinder gaben vermehrt Co^2 ab und das tötete durchaus die Ozonschicht und damit im Endeffekt auch die Natur. Zum Glück war Vivian T.

Vegetarierin und musste sich das nicht selbst auf die Fahne schreiben.

Zu einem weiteren Fall wurde der Besuch einer Lehrerin mit Ihrer Schulklasse in einem Museumsrestaurant. Die Bedienung Kara M. aus A. musste erst die 15 Rabauken der Waldorfschule mit Kakao versorgen und dann bestellte die Dame ein Omelett natur.
Das war für die kleine Küche des Lokals keine Schwierigkeit. Gerade als Kara M. mit der Bestellung in Richtung Kasse verschwinden wollte, wurde sie zurückgerufen. Mit der Annahme eine weitere Bestellung entgegennehmen zu sollen, kam sie lächeln an den Tisch.

„Sagen Sie, sind die Eier von freilaufenden Hühnern?"

Am liebsten hätte Kara M. gefragt, ob sie der Meinung sei, die Hühner würden im Museumshof herumstolzieren. Sagte aber serviceorientiert, sie würde sich gern in der Küche erkundigen. Der Koch hatte sich zwar gewundert, aber netterweise auf den Karton im Kühlhaus gesehen. Und tatsächlich, die Eier waren von freilaufenden Hühnern.

Kara T. berichtete am Tisch alles sei wie gewünscht und das Omelett in Arbeit. Ohne zu ahnen was ihr geschieht wurde sie von der hungrigen Lehrerin angefahren.

„Glauben Sie ja nicht, dass ich Ihr Omelett esse. Sie sagen nur, dass die Eier von freilaufenden Hühnern sind, damit ich Ihre Eier esse."

Die Kundin hätte wahrscheinlich darüber gestaunt, wie egal es einer Servicekraft sein kann, ob sie nun die Eier als Omelett verzehren würde oder nicht. Kara T. zuliebe müsste sie es jedenfalls nicht tun.
Eine Beteuerung der Wahrheit brachte nicht den gewünschten Effekt und Kara T. ließ sich bis zum Kassieren der 15 Kakao auch nicht mehr am Tisch sehen. Schließlich hätte es ja sein können, dass die Dame noch auf weitere Ideen kam. Vielleicht darauf, dass der Kakao nicht mit frischer Milch gemacht wurde, wie es die Karte bewarb, obwohl sie persönlich während der Zubereitung am Tresen gestanden hatte, um mit Kara T. zu smalltalken. Ab diesem Tag bejahte Kara T. alle Fragen solcher Art und behielt so die Sympathien der Gäste.

Sowohl mit der Wahrheit, wie auch mit der Lüge, kommt ein Dienstleister nicht weiter, wenn der Gast schon mit seiner vorgefertigten Meinung den Laden betritt und sich im Recht fühlt. Service ist eben doch die beste Reality-Show der Welt. Nur das Leben hier draußen im Alltag schreibt eben die wahrhaftig interessanten Geschichten.

10. Bohrinselglück

Mit dem Wissen ist das schon so eine Sache. Wir wünschen uns ganz viel davon. Streben nach einem hohen Wissenstand und wer was auf sich hält der versucht seine Allgemeinbildung in Schwung zu halten. Wissen wird hoch dotiert in Deutschland. Das Handeln nach bestem Wissen und Gewissen hingegen nicht. Jedenfalls im Bereich Dienstleistung nicht.

Was wir als Konsumenten aber verlangen ist, dass Dienstleister trotz ihres oft geringeren Entgeltes vor Kompetenz, Fachwissen und Allgemeinbildung nur so strotzen. Auf jeden Fall dann, wenn wir diejenigen sind, die eine bestimmte Einheit an Wissen benötigen. Aber nur, wenn unser Wissen selbst eine Lücke aufweist.

Das empfinden wir als nicht so tragisch, denn es gibt ja die von uns als solche anerkannten Fachleute jeder Wirtschaftssparte. Und die sind wir bereit für das vermisste Wissen zu kontaktieren und auch darauf zu warten, wenn wir dann in der Hotline anrufen und uns im Musikkarussel drehen. Noch 3 Kunden vor uns, sagt die nette Stimme zwischen den eingespielten Chantys auf 3 Sprachen, denn vor oder hinter uns warten ja auch ausländische Konsumenten mit Wissenslücken.

Robert A. aus D. ist ein Dienstleister in einer Hotline und das schon seit 3 Jahren, um die Familie durchzubringen, denn als Kindergärtner war nicht genug Arbeitsplatz in der Stadt zu erwerben. Er saß am anderen Ende der betriebseigenen Hotline für touristische Belange und versuchte im Rhythmus der ankommenden Anrufe, wie bei „der große Preis" Fragen zu immer wieder neuen Themen zu beantworten. Jedes Mal in der Hoffnung helfen zu können. Denn seine Erfahrung sagte ihm, dass nicht jedes Thema auch von touristischem Belang war oder es einfach nicht seine Stadt bzw. Region betraf. Dann war er aufgeschmissen und musste passen.
Die Kaskaden an Unfähigkeitsbekundungen durch die Anrufer kannte er nur zu gut und sie trafen auch nach 3 Jahren immer noch seine Berufsehre. Dann war er gekränkt, denn wer am Konsumentenpranger steht und Dienstleister ist, der hat kaum Möglichkeit sich verbal zu wehren. Außer … er ließ die ein oder andere wichtige Information am Ende weg, um dem unverschämten Kunden eins auszuwischen.

Ist zwar nicht die Regel, aber aus Frust tut der Mensch ja bekanntlich einiges.
Ach, Sie wussten nicht, dass Hotlinemitarbeiter Menschen sind? Sieh an.

Und so saß Robert A. unschuldig für den heutigen Tag auf seinem Platz und hörte den Signalton für das nächste eintreffende Gespräch.

„Guten Tag, hier ist die Hotline des TTD, mein Name ist Robert A. Was kann ich für Sie tun?"
„Hallo, schön Sie zu hören. Ich bin völlig ratlos und in ziemlicher Eile."

Oh, nein, dachte Robert A., nicht wieder die „Ich brauche ganz schnell mal folgende Info – Nummer". Das konnte nichts werden.

„Mit welcher Information kann ich Ihnen denn helfen, Herr ...?"
„Schmidt."
„Herr Schmidt."
„Ich brauche dringend ein Zimmer im Osten von Athen."
„Athen?!"

„Ja, richtig. Möglichst in der Nähe des Hafens, da ich Morgen mit der Fähre weiter muss."

War das jetzt ein Ort in der Nähe seiner Heimatstadt, den er noch nicht kannte, überlegte Robert A. Nein, denn einen Hafen gab es hier oben in den Bergen definitiv nicht. Nicht mal einen beschiffbaren Fluss, geschweige eine Fähre.

„Hören Sie Herr Schmidt, ohne unhöflich wirken zu wollen, aber Sie haben jetzt die touristische Hotline von D. am Apparat. Nicht die von Athen."
„Ja, weiß ich. Aber das ist doch jetzt unwichtig. Ich hab nicht viel Zeit und das Akku ist gleich leer."
„Aber wir hier in D. im schönen Bayern haben keine Ferienwohnungsvermittlung für ausländische Städte. Dafür gibt es ja die Tourismuszentrale in Athen."
„Ich ruf doch nicht im Ausland an bei den Preisen, sind Sie wahnsinnig? Wissen Sie was mich das kosten würde?"
„Aber das werden Sie müssen Herr Schmidt, wenn Sie da etwas vermittelt haben möchten. Oder über das Internet."
„Hab ich nicht!"

Robert A. schwante Schlimmes. Jetzt würde er bestimmt gleich fragen, ob Robert A. nicht für ihn in Athen etwas telefonisch arrangieren könnte, so unter Kollegen.
Und da war es auch schon, wie erwartet.

„Wissen Sie was, ich warte kurz und Sie klären das kurz in Athen mit Ihren Kollegen. Ich kann eh kein Griechisch."

Aber ich oder was? dachte Robert A. Und das dort meine Kollegen sitzen ist auch ein Trugschluss. Schließlich sind auch nicht alle Maler dieser Welt Kollegen. Ich kann Dali auch nicht bitten Picasso anzurufen, weil der nicht surreal malt. Ok, die sind beide tot und können nicht telefonieren, aber zu Lebzeiten gedacht. Wahrscheinlich hätte Herr Schmidt argumentiert, dass die beiden aber Kollegen sind, da sie im selben Land leben.

„Herr Schmidt hören Sie bitte, ich habe keine Kollegen in Athen, spreche auch kein Griechisch und habe auch nicht die Befugnis dort für Sie anzurufen, da wir eine Informations-Hotline für D. und Umgebung sind und kein Reisebüro, das für Sie weltweit agiert."

„Na super, erst werben Sie damit, dass Sie alle Infos haben und nun dieses zeitraubende Desaster. Vielen Dank Sie Flachpfeife!"

Damit knallte der Hörer auf und Robert A. stand beleidigt, degradiert und irritiert im Hotlineleben. Doch noch bevor er darüber senieren konnte folgte der nächste Anruf. So ist es eben im Hotlinealltag. Eine Beleidigung streift einen wie ein Bus, aber danach musst Du gleich wieder gutgelaunt die 1000 € Frage beantworten.

Auch Hildegard Ö. aus V. kann von solchen Fragen ein Lied singen. Sofern sie jemand interessiert singen lassen würde. Aber das Leid von Dienstleistern langweilt die Konsumgesellschaft. Außerdem müsste dann eine Reflektion stattfinden. Und wer will das ehrlich gesagt?
25 Jahre waren es letzten Monat, die Sie am Counter der Tourismuszentrale Ihrer Stadt hoch im Norden arbeitet und Face to Face Fragen beantwortet unter dem weißen Schild mit dem Aufdruck „Information" und dem gelben Smiley daneben.
Auch wenn sie mit allen Wassern des Dienstleistungsgewerbes gewaschen ist, staunt sie

manchmal nicht schlecht über die Fragen ihrer Kunden. Dann muss sie ihr Gesicht beherrschen, um nicht zu grinsen und das Lächeln ist für ein paar Sekunden künstlicher. Aber eine Antwort hat sie da nicht, sondern nur einen Strauss an Enttäuschungen, da diese Fragen ihren Wissenshorizont sprengen.

Adressen von günstigen Ferienwohnungen in Paris oder Norwegen sind da noch leicht abzuweisen. Reisende, die eigentlich London gebucht hatten, aber dann wegen der Bombenanschläge storniert haben, werden zur Herausforderung. Nicht weil sie jetzt in Hildegard Ö´s Stadt residieren möchten, sondern weil sie sich ein Hotel wünschen, in dem schon Engländer logieren, damit sie sich mit denen über Londons Situation austauschen möchten.

Auch junge Männer in blauem Overall, die wissen möchten wo sie sich für einen Job auf einer Bohrinsel bewerben können, sind bei Hildegrad Ö. falsch, aber schon einmal korrekt gekleidet, hat sie damals gedacht.

Welche Einführungsbedingungen Schweden für Angelruten aus dem Ausland hat ist bestimmt ein spannendes Thema überlegte Hildegard Ö., aber nicht so recht eine Frage für ihre Stadt. Eher für die 125.000 € Frage bei Jauch.

Woran man allerdings einen Schnellbus erkennen würde, wusste sie sofort innerlich zu beantworten, wäre sie nur nicht vom Geld des Arbeitgebers abhängig gewesen. Daran, dass er schnell ist, lag ihr auf der Zunge, aber ein rotes „S" an der Seite war ihre Antwort.

Bei den Wasserwerten an Bulgariens Küste für dieses Jahr musste sie wiederum passen. Die vom Vorjahr hätte sie gewusst sagte sie scherzhaft, was ihr ein Beschwerdegespräch beim Teamleiter einbrachte. Humor und Dienstleistung liegen eben soweit entfernt wie die Sonne vom Mond.

Der Kunde, der sich für die Brunft der Hirsche interessierte, war im Norden nicht so gut aufgehoben, dachte Hildegard Ö. und sah auch eher ständig auf ihren Busen, womit es ihr erschien, als ob die Brunft näher war als er ahnte. Und ein Geweih hätte sie ihm auch gern aufgesetzt.

Bei dem gesuchten Restaurant mit freilaufenden Kühen, war sie dann so überfordert, dass sie sich kurz entschuldigte, um im Kopierraum die jetzt rollenden Lachtränen wegwischen zu können. Soll sie doch selbst im Lokal umherlaufen, dachte Hildegard Ö. amüsiert, dann hat sie ihre freilaufende Kuh.

Militärischer wurden die beiden Fragen von Kunden, die zum einen ein U-Boot für Veranstaltungen mieten wollten und die zum anderen ein Transportunternehmen suchten, dass eine große Lieferung Zucker nach Afghanistan bringen würde. Bei beiden hätte Hildegard Ö. gern ans Verteidigungsministerium verwiesen, aber sie ließ es bei einem höflichen „Da kann ich Ihnen von hieraus nicht weiterhelfen."

Mit der Nummer des deutschen FBI konnte sie dem verstört wirkenden jungen Mann letzte Woche auch nicht weiterhelfen, behielt aber während der ganzen Zeit den Alarmknopf am Finger unter dem Tisch und die Tasche des jungen Mannes fest im Blick.

Den Bock schoss dann für Hildegard Ö. aber der freundliche Herr im Anzug ab, der sie fragte, wie er 6 Chinesen am besten mit dem Bus von Amsterdam hierher in ihre Stadt kriegen würde. Hilflos rätselte sie, ob er Menschenhändler oder doch nur Schieber war und verwies auf ihre tarifliche Pause und somit den Kollegen an Counter 3. Das der eine Woche später wegen Burnout ausschied, tat ihr leid und sie überlegte, ob dieser Kunde das innere Fass hatte überlaufen lassen. Sie ging aber nie ins Krankenhaus zu ihrem Kollegen, um zu fragen. Schickte aber 3 Wochen lang gelbe Rosen. Anonym natürlich, nur für den Fall das.

11. Storno-Einstein

Einstein war laut seiner Mitmenschen ein Genie. Wenn das stimmt und seine Relativitätstheorie greift, hat er wahrscheinlich nie etwas storniert. Und schon gar nicht in einem Hotel oder einer Tourismuszentrale. Die es damals wahrscheinlich auch in der Form so nicht gab.

Jedenfalls heißen die Personen, die in den Tourismuszentralen anrufen, um zu stornieren selten Einstein und wenn doch, sind sie nicht vom selben Schlag wie das Genie. Denn das, was dort in den Gesprächen geäußert oder gefordert wird, hätte Einstein seine wuscheligen Haare und die Relativitätstheorie die Basis gekostet.

Eine Stornierung, sagen Sie jetzt, ist doch ein ganz simpler Prozess. Stimmt! Anruf, Stornieren, Auflegen, Fertig. Aber nicht, wenn die Menschen selber vorher die Buchung via Internet vorgenommen haben. Sobald das Mensch-Maschine-Phänomen dazwischenkommt werden alle logischen Gesetze der Handhabung von Computern ausgesetzt.

Schließlich ist ein jeder der Meinung in der Lage zu sein im Internet eine einfache Buchung durchzuführen. Doch diese Geräte, namentlich PC genannt, haben ein

Eigenleben. Meinen jedenfalls ihre Besitzer. Wissenschaftlich ist es nicht zu belegen, aber das subjektive Gefühl der Kunden täuscht sich da nicht. Im PC geht nicht alles mit rechten Dingen zu. Was genau wissen sie nicht. Aber sie wissen genau, dass es passiert.

Solch ein Gespräch bahnte sich auch am Dienstagmorgen des schönen Monats Juli für Herbert K. aus E. an, als er mit dem Gesicht in der Sonne auf das nächste Gespräch an seinem Call Centerplatz wartete. Er liebte diese kurzen Momente, in denen mal kein Anruf stakatoähnlich in sein Ohr drang und er mit geschlossenen Augen die Lichtreflexe hinter seinen Lidern verfolgte, die entstanden, wenn er sein Gesicht in die Sonne hielt.
Doch lange sollte der Südsee-Tagtraum nicht dauern. Schon zerstampfte eine schrille Damenstimme die Palmenatmosphäre vor seinem geistigen Auge und er drehte sich mit den ersten gehörten Worten wieder zurück in den Schatten seines Arbeitsplatzes.

„Hallo, ist da die Buchungs-Hotline?"
„Ja, einen schönen Tag wünsche ich Ihnen. Mein Name ist Herbert K. Wie darf ich Ihnen behilflich sein?"

„Wir werden ja sehen, ob das ein schöner Tag wird!"

Ups, da ist jemand aber ganz ungebügelt aus dem Bett gesprungen, dachte sich Herbert K. Was ein unfreundlicher Satz.

„Was lässt Sie denn daran zweifeln, Frau...?"
„Ebermann. Gertrude Ebermann aus Hallerhafen."
„Hallo Frau Ebermann."
„Ich habe im Internet gerade ein Zimmer für mich gebucht und dafür zwei Reservierungsnummern per Mail erhalten!"

Dieser vorwurfsvolle Ton hätte Herbert K. gleich warnen sollen, aber er war noch so voller Dopamin vom Sonnenbad, dass er nicht sofort vorsichtig agierte.

„Dann haben Sie sich auch zwei Zimmer gebucht, wenn es zwei Reservierungsnummern vom System per Mail gegeben hat."
„Nein, natürlich habe ich nicht zwei gebucht, ich bin ja nicht blöd! Ich habe eins gebucht. Sie scheinen da einen Systemfehler zu haben, den Sie schleunigst beheben sollten."

Oh Gott, nicht das Mensch und Computer Desaster. Wieder war der PC und das dahinter stehende System daran schuld. Diese Ausrede, derartige Entschuldigungen mit einer gefühlten Wahrheit, kannte Herbert K. zur Genüge. Mindestens dreimal täglich war der böse, böse PC Schuld am Dilemma Fehlbuchung, Überbuchung oder Ähnlichem.
Das würde jetzt wieder Diskussionsstoff für Minuten geben.

„Hören Sie bitte Frau Ebermann, das Internet kann Ihnen kein weiteres Zimmer von alleine buchen. Es handelt sich dabei um eine Maschine, die von Ihnen bedient wird und somit nur das tut, was sie eingeben."
„Sie brauchen gar nicht so unfreundlich werden junger Mann. Beim letzten Mal als das passiert ist, hat Ihre Kollegin das auch gleich storniert."

Aha, eine Wiederholungstäterin, die unbelehrbar immer wieder auf dem gleichen falschen Weg im Internet rumholzt. Na Bravo! Und die Kollegin, bzw. jetzt ich, darf es wieder geradebiegen. Unfreundlich war ich doch nun nicht gerade, fand Herbert K. Na ja, immerhin hielt sie ihn für jung mit seinen 55 Jahren.

Das gab ihr einen dünnen Hauch von Sympathie-Patina.

„Ihnen ist das also schon mal passiert! Dann haben Sie da also auch zweimal gebucht."
„Hören Sie mal Jungchen, ich mache das schon seit Jahren und immer richtig. Nur bei Ihnen im System scheint etwas nicht richtig zu laufen. Das passiert sicher auch anderen Kunden!"

Herbert K. wurde immer jünger. Jungchen! Wow, das hatte er seit den Moralpredigten seines Vaters in den 60ziger Jahren nicht mehr gehört. Jungchen. Mal sehen wann wir im Babystatus ankommen.
Natürlich war es unser System, das arglistige. Wie oft haben wir ihm schon gesagt, es soll richtig funktionieren und nicht herumkaspern. Aber es will einfach nicht hören und hat seinen eigenen Kopf. Ich werde es nachher im Serverraum mal wieder richtig übers Knie legen müssen, lachte er in sich hinein.

„Nein Frau Ebermann, eigentlich nie, da man immer die gewählte Anzahl der Zimmer bestätigen muss und auch jeweils mit den Daten des Zimmerinhabers hinterlegt. Jede Buchung wird dann per

Kreditkartennummer bestätigt und erst dann mit einem weiteren OK abgesendet. Daraufhin kommt dann die Bestätigungsmail."
„Na, wenn Sie meinen, dass ich zu blöd bin ein Zimmer zu buchen, Vielen Dank!"

Damit landete der Hörer auf der Gabel und das Symbol für ein beendetes Gespräch leuchtete im Display von Herbert K. auf. Dann kam die erhoffte Leere. Kein weiterer Anruf.
Herbert K. drehte sich erstaunt zurück in die Sonne und malte sich aus, wie Frau Ebermann im Hotel zwei Zimmer belegte und beim Zahlen wieder die Schuld dem System gab. Natürlich dieses Mal dem System des Hotel. Denn bei ihm hatte es ja nicht funktioniert.

In anderen Fällen geht es nicht um eine Fehlbuchung, die storniert werden soll, sondern es treten ganz andere Gründe in den Vordergrund. Denn wenn sich die gedachten Bedingungen, welche mit einer Buchung zusammenhängen oder zusammenhängen sollten ändern, dann ist das für einige Kunden ein Weltuntergang und die ganze Stadt, in der man bucht korrupt bis zur Klofrau auf dem Marktplatz.

Und dann kann es passieren, dass Kunden von außen betrachtet etwas irrational handeln.

Ute J. aus F. kennt diese Art von Kunden. Sie sitzt ebenfalls seit Jahren am Schreibtisch einer Hotline und dienstleistet was das Zeug hält. Aber nicht immer wird ihr geglaubt und einfach so lange weiter diskutiert bis sie nachgibt, auch wenn es kein Grund erkennbar ist.

So kam ihr ein Kunde mit der Stornierung einer Buchung telefonisch entgegen, die Ute J. damit beantwortete, es sei schon storniert worden. Der Kunde bestand allerdings so lange darauf diese Stornierung zu stornieren bis sie aus Mitleid so tat als ob und ihm eine erfundene Stornierungsnummer nannte. Allerdings mit der Bitte, die schon bestehende Stornierungsnummer zu behalten, falls er danach gefragt werden würde.

Aber auch genau in gegenteilige Richtung kann ein Kundenwunsch auch laufen. Ute J. erinnert sich an einen Fall, in dem Sie dem Kunden versichern konnte, dass die Buchung fest sei und alles in Ordnung wäre. Der Kunde hingegen drängelte hier mit der Bitte die feste Buchung dann noch fester zu buchen. Da dieses nicht machbar ist in einem Buchungssystem, in dem eine Buchung fest gebucht ist, musste sie auch hier so tun als ob und ging mit dem Herrn den Vorgang simuliert erneut durch.

Aber nicht nur die Buchungen und Stornierungen in Hotel-Hotlines sind hiervon betroffen. Wie ein Virus macht sich die seltsame Stornierungskundenwelle auch im Ticket-Hotline Bereich breit.

Ein Fall von Karl W. aus T. soll hier zeigen, wie schwer es sein kann Dienstleistung so zu zeigen, wie das Wort gemeint ist.

Karl W. arbeitete seit 7 Stunden und 45 Minuten und stand kurz vor dem verdienten Feierabend dieses verregneten Sommertages, als das Telefon zum 57. Mal klingelte.

„Guten Abend, hier ist das Ticketkontor in T, mein Name ist Karl W., wie darf ich Ihnen helfen?"

„Gunther hier!"

Hm, dachte Karl W., Gunther? Welcher Gunther? Helgas Gunther aus der Laubenkolonie? Nee, der hatte eine rauchigere Stimme. Gunther Gabriel? Nee, warum sollte der Schlagersänger hier anrufen? Der kommt doch sicher über seinen Manager an Karten. Obwohl?

Neulich war ja auch die echte Heidi Kabel dran und wollte Karten für das Große Theater.

„Gunther?"

„Ja, Hermine Gunther aus Simmrock. Was ist daran so seltsam?"

Seltsam war für Karl W., dass es sich jetzt um eine Frau handelte, die er für einen Kerl gehalten hatte und zwar einen mit einer Säuferstimme.

„Hallo Frau Gunther. Entschuldigung. Ich hatte nur Ihren verehrten Namen nicht richtig verstanden."

„Ach so!"

„Was kann ich denn tun?"

„Ich möchte meine Missfits-Karten stornieren."

„Haben Sie die Karten bei uns erworben?"

„Ja."

„Gut. Und haben Sie die gedruckten Karten schon erhalten?"

„Ja klar, liegen hier!"

Mist, ärgerte sich Karl W., jetzt würde es Ärger geben, denn gedruckte Karten konnten nicht storniert werden, da sie vom Umtausch laut Geschäftsbedingung auf der Rückseite ausgeschlossen waren. Aber ob das Frau Gunther verstehen würde?

„Und ich habe die Show gestern Abend schon im Fernsehen geschaut."

Jetzt verstand er erst den Grund. Frau Gunther wollte nur stornieren, weil sie die Show schon geguckt und nun Geld sparen wollte. Scheiß Medien, dachte Karl W. Machen das Geschäft kaputt.

„Entschuldigen Sie Frau Gunther, aber Sie hätten die Show doch nicht gucken müssen, wenn Sie diese auf der Bühne sehen wollten."

„Sie können mir doch nicht vorschreiben, was ich im Fernsehen schaue!"

Ach Du Schreck, staunte Karl W. leise. Ein Fall von Realitätsverschiebung bahnte sich an und er wurde das Gefühl nicht los, dass er als Bösewicht den Ring verließ.

„Das will ich auch nicht Frau Gunther, aber Sie können doch nicht erwarten, dass wir die Karten zurücknehmen, nur weil Sie die Show im Fernsehen angesehen haben."

„Sie können mich nicht zwingen die Show noch einmal zu sehen!"

Da hatte sie Recht, musste Karl W. sich eingestehen. Zwingen konnte er Sie nicht, aber auf sich auf die Geschäftsbedingungen berufen, das konnte er schon. Und das tat er auch.

„Richtig, wir können und möchten Sie nicht zwingen irgendetwas auf dieser Welt zu schauen. Doch wir werden diese Karten nicht zurücknehmen, da Sie diese bewusst gekauft haben und es Ihre eigene Entscheidung ist, ob Sie sich das Vergnügen der Liveshow kaputt machen, in dem Sie diese vorher im Fernsehen schauen."

„Sie wollen nur, dass ich diese Show noch einmal sehe, damit Sie den Saal voll kriegen. Aber dazu zwingen Sie mich nicht. Das ist unerhört von Ihnen. Ich möchte Ihren Namen, damit ich mich bei Ihrem Vorgesetzten schriftlich beschweren kann. Und dann wollen wir doch einmal sehen, wer hier wen in die Knie zwingt, Sie A............!"

Das letzte Wort hatte Karl W. irgendwie in seiner beruflichen Vorahnung des Lauterwerdens von Frau Gunther geahnt und vorsichtshalber einfach auf die Gabel des Telefons gedrückt. Ruhe!

Wahrscheinlich war Frau Gunther jetzt am Telefon explodiert, da sie das Klicken im Gespräch ja hatte hören müssen. Aber beleidigen ließ sich Karl W. schon lange nicht mehr. Nicht von irgendwelchen Typen, die nicht mal eine Scheibe Brot toasten konnten ohne danach den Bäcker zu verklagen, weil die Ecken zu dunkel waren.

Doch als er 5 Minuten später Feierabend machte, da machte er die Tür des Betriebes Richtung Straße ganz langsam auf. Nicht das Frau Gunther in Ihrer Zwangneurose mit dem Gewehr davor im Schützengraben lag und auf ihn wartete. Doch es herrschte Frieden!

12. Dr. No reist an

Ein Hotel, eine Stadt und eine Reise. Oft stehen diese drei harmlos wirkenden Begriffe für etwas sehr Angenehmes, Schönes. Man spürt förmlich den Spaß, die Freude und die Erholung schon beim Lesen dieser Wörter. Harmonische Bilder gehen in jedem von uns auf bei so wohlklingenden Bezeichnungen wie Urlaub, Sommer, Sightseeing. Ach ja.

Doch für eine bestimmte Gruppe Mensch lösen diese Worte kalte Schauer, Gänsehaut und einen Fluchtreflex aus. Sie liegen richtig in Ihrer Vermutung, wenn Sie an Mitarbeiter von touristischen Call Centern denken.

Auch Call Center Agenten wissen zwar um die Schönheit und Verlockung dieser Worte und am Anfang Ihres Berufsweges hatten sie auch eine gewisse Lust im Herzen mit diesen Worten zu arbeiten, aber dann kam die Realität. Dann kommen sie – die Touristen, die diese Begriffe mit Leben füllen. Jedenfalls mit dem was sie dafür halten.

Und so kommt es, dass Agenten in Call Centern in dem Wort Hotel eine Falltür sehen, die Stadt ein Dschungel wird und Reise gleichbedeutend ist mit hilflosen Kreaturen, die versuchen ohne Kosten von A nach B zu kommen und dabei möglichst viele „Glückspunkte" zu sammeln. Irgendwie wirkt diese Szenerie immer wieder wie in ein schlechtes Gameboy Spiel.

Und diesem Spiel setzt sich seit Jahren auch Roland K. aus, der in der Tourismuszentrale von K. seine Stunden abreißt und immer noch nicht die Hoffnung aufgeben mag, dass Deutschland keine Servicewüste ist, wie der Sticker an seiner Weste verrät. Jedenfalls in K. und in seinem Call Center nicht. Und so sitzt er selbstmotiviert, allerdings mit einer kleinen Sorgenfalte auf der Stirn, am Platz, als das Telefon ihm seinen nächsten Anrufer in die Hotline sendet.

„Guten Morgen, hier ist die KTZ, mein Name ist Roland K., was darf ich für Sie an diesem schönen Morgen tun?"

„Grüß Gott und frohes Schaffen wünsch ich Ihnen. Hier ist Gisela Halberstädter aus dem oberfränkischen Guggelheim."

Für Roland K. war dieser Satz nichts ungewöhnliches an sich, aber er hätte die Falltür „Schicksalsgespräch" gleich erkennen müssen, denn es gab drei

Losungsworte, die darauf hinwiesen. Das waren „Grüß Gott", „Frohes Schaffen" und „oberfränkisch". Hinterher ist auch Roland K. immer schlauer, aber in dem Moment stieg er auf die singende Stimme von Frau Halberstädter ein und erinnerte sich nicht an die hundert anderen Frankentelefonate der letzten Jahre.

„Frau Halberstädter, so gut gelaunt, wie schön. Was lässt Sie bei uns anrufen?"

„Ich suche ein Zimmer für meinen Mann."

„Und was suchen Sie für Ihren Mann genau?"

„Preis so ca. 400 bis 500 €."

Wow, dachte sich Roland K., das ist eine Hausnummer. Da ist ja sogar das Recency Spa machbar und er sah seine monatliche Gewinnbeteiligung hochschnellen. Auch wenn die Frage nach dem „was" offen blieb und Frau Halberstädter ihr Programm abspulte. Aber das kannte er schon. Viele Anrufer legten sich ihre Informationen zu Recht, die sie nennen wollten.

„Mit der Summe bekommen wir ganz bestimmt etwas Schönes für Ihren Mann."

„Das freut mich."

„Für wie lange benötigt Ihr Mann denn das Zimmer?"

„Für 2 Monate."

Roland K. wähnte sich im 7. Servicehimmel. Jackpot! 60 Tage Provision bei einem Budget von 400 – 500 €. Da war eventuell, wenn der Monat weiter gut lief, die Sofaanzahlung drin. Jetzt nichts falsch machen, dachte er. Vor Aufregung räusperte er sich kurz.

„Dann wollen wir mal schauen. Vielleicht kriegen wir sogar noch einen tolles Upgrade."

„Ach, das ist nicht so wichtig junger Mann. Mein Mann guckt eh nicht viel fern."

Euphorisch vom Provisionsrausch geblendet sah Roland K. dieses 4. Signal auch nicht. Upgrade hat nichts mit Fernsehen zu tun, wusste sein Unterbewusstsein, aber seine grauen Zellen rechneten an der Summe der Gewinnbeteiligung. Auch irritierte ihn nicht, dass eine ältere Dame aus dem südlichen Deutschland im Begriff war 30.000 € für Übernachtung auszugeben. Und das für Ihren Mann, der nicht fernsah.

„Ok, aber bei so einer stattlichen Summe von 400 €, die Sie da für Ihren Mann jeden Tag einplanen hat er mindestens einen riesigen Flatscreen im Zimmer."

„Wieso jeden Tag?"

Die empörte, ja fast ohnmächtige Stimme der Frau Halberstädter ließ die Dollaranzeige im Gehirn von Roland K. erlöschen und das überfällige Wahndreieck leichtete im schrillsten Rot auf.

„Sollte die Summe nicht eine pro Tag Summe sein?"

„Wo denken Sie hin! Bin ich die Frau von Krösus? Natürlich insgesamt nicht mehr als 500 €."

Sofaanzahlung ade. Hallo Apfelsinenkisten. Jetzt war Roland K. auf dem Boden der Tatsachen ohne Fallschirm und Haltenetz aufgeschlagen. MIST! Schnell betätigte er seinen Taschenrechner, denn denken konnte er vor Enttäuschung kaum noch.

„Das sind ja 8,33 € pro Tag Frau Halberstädter."

„Ja, ich weiß."

„Für Übernachtung?"

„Und Frühstück bitte!"

Geschockt und nicht fähig für Sekunden zu sprechen starrte Roland K. auf den Apparat. Leere und Verständnislosigkeit füllten ihn zu Gänze aus. Jetzt war er in einer Wüste angekommen. Aber es war nicht die Servicewüste. Langsam berappelte er sich wieder und wurde professionell.

„So etwas finden Sie in ganz K. nicht und auch mein Programm startet da erst bei 35 € ganz am Stadtrand mit Bed & Breakfast.

„Was? Das verstehe ich nicht."

„Aber so ist das in K. Übernachtungen haben in Städten natürlich Ihren Preis aufgrund der hohen Nachfrage."

„Aber bei uns in Guggelheim bekommt man dafür ein schönes Hotel."

Wenn das der Wahrheit entspräche dachte Roland K., dann war Guggelheim entweder ein atomares Endlager oder aber direkt unter einem Autobahnkreuz angesiedelt. Denn kein Hotelier konnte doch heutzutage für 8,33 € Übernachtung/ Frühstück anbieten. In K. jedenfalls nicht.

„Hören Sie Frau Halberstädter, es tut mir leid, aber ich kann da dann nichts für Sie machen."

„Seltsamer Verein für den Sie da arbeiten, das will ich Ihnen sagen. Wenn Sie mir nicht helfen wollen, dann rufe ich eben Ihre Kollegen in der Tourismuszentrale an."

Damit legte sie auf und Roland K. eine weitere imaginäre Kerbe im Schreibtisch für sonderbare Telefonate. Ob Frau Halberstädter weiß, dass er in der Tourismuszentrale arbeitet und sie ihn bei der Sparbesetzung heute direkt wieder am Apparat hatte? Er würde einfach das Spiel für sie spielen und seine Stimme verstellen, um ihr die Peinlichkeit zu ersparen sich geirrt zu haben. Service geht eben manchmal über das normale Angebot hinaus. Doch dieses Mal würde er direkt sagen, dass in diesem Hochpreissegment in den nächsten Monaten nichts zu machen sei.

Bettina L. aus M. erinnert sich noch heute mit einem erstaunten Lächeln auf dem Gesicht, wenn sie an den Fall von vorletzter Woche denkt, als ein schüchterner junger Mann anrief, um mit Ihr über seine Reisepläne zu sprechen.

Er schien laut seiner Aussage innerhalb seines 25jährigen Leben noch nie verreist zu sein. Auch Hotel waren für ihn lediglich große Gebäude, die er noch nie betreten hatte. Und so war er auf Suche nach Hilfe und hatte da zumindest den richtigen Weg der Hotline für Hotelbuchungen in M. gewählt und mit Bettina L. eine patente Dienstleisterin am Telefon.

Seine Frage war klar, aber doch verwirrend. Er äußerte, er wäre noch nie im Hotel gewesen. Dann fragte er, ob es möglich wäre im Einzelzimmer zu zweit zu übernachten, weil es dann doch billiger werden müsste. Dieser Logik konnte anscheinend außer dem jungen Mann in dieser Welt keiner folgen und Bettina L. hatte alle Hände voll zu tun ihm verbal rechnerisch zu erläutern, dass dieses Kalkulationsmodell nicht aufging. Enttäuscht, aber nicht ohne Hoffnung bat er um Hilfe. Bettina L. buchte ihm ein einfaches Doppelzimmer und sagte dann, dass sie zur Buchung des selbigen eine Kreditkarte benötigen würde. Eine Kreditkarte hatte der junge Mann zwar, was Bettina L. schon verwundert, wo er doch nie reiste, aber seine Bedenken waren schwerwiegend. Mit den Worten, er könnte nicht durch halb Deutschland fahren, um jetzt in M. die Kreditkarte bei ihr vorzulegen, legte er auf.

Wochenlang überlegte Bettina L. abends im Bett, ob dieser Mann nun den Mut das erste Mal zu reisen verloren hatte, da sie ihn mit der Kreditkarte und deren Handhabung zur Buchung eines Hotels verwirrt hatte. Vielleicht stammte er aus derselben Familie wie die Dame, die auf die Bitte von Bettina L. sich die Buchungsnummer der getätigten Buchung zu notieren antwortete, ob das die Nummer sei, die sie im Katalog unten rechts stehen habe. Die Erklärung, dass die Seitenzahl des Kataloges nicht die Buchungsnummer, in Bettina L.s Computer sei, brachte kein Verständnis auf Seiten der Kundin.

Für Bettina L. bestand aber eine andere klare Verbindung. Und zwar zwischen diesen Anrufen und den seltsamen Emailadressen, die sie tagtäglich zwischen den Anfragen fand. Da schrieben Menschen mit Emailadressnamen wie geilekiste@ und promenadenzwerg@. Aber auch haehnchen69@ und tittentiger fand sie nicht nur zweideutig, sondern unpassend, wenn man Musicalkarten suchte. xxltiger@ und huehnermann@ gaben ihr genauso ein komisches Bauchgefühl wie Karottelotte@ oder drnoreistan@. Waren die Besitzer tatsächlich fähig Urlaube zu planen und anzutreten?

Bettina L: schlief seit dieser Erkenntnis noch unruhiger als sonst nach der Arbeit. Sie hatte Angst vor dem was da draußen irgendwo an Touristenpotenzial lauerte. Und war von den Emailanfragen vom Teamleiter seither befreit, weil sie zitterte, wenn ein neuer, seltsamer Name dazukam.

13. Pavarotti auf Helgoland

Sie kennen alle sicher die schöne Insel Helgoland. Und ich bin mir sicher, dass Sie auch wissen, dass Inseln im Meer liegen. Meistens jedenfalls. Ok, auch im See, Fluss oder Kanal, aber so generell denkt jeder bei Insel auch an Meer.

Und sicher kennen Sie auch viele andere Sachen, wie bestimmte Theater Ihrer Stadt, Stadien, Künstler, Stars usw.

Aber, ob Sie es nun glauben oder nicht, manche Menschen haben da so ihre Schwierigkeiten. Man sollte es nicht gleich Bildungslücke nennen, denn schließlich weiß jeder irgendwas, aber manche eben weniger als Otto-Normalverbraucher.

Warum aber rufen diese Menschen, dann in den Hotlines des Landes an und wissen trotzdem alles besser? Und auch noch in den Bereichen, die sie erfragen, weil sie Rat suchen? Sie hören nicht auf die Empfehlung, die sie bekommen. Aber warum rufen sie dann an? Langeweile? Telefon ausprobiert? Scherzkekse?

Wenn Sie sich das zufällig auch fragen sollten, dann sind sie in der guten Gesellschaft von Tausenden von

Dienstleistern, die sich täglich diese eine Frage stellen. Warum?

Kevin H. aus B. ist ein solcher Dienstleister. Er fragt sich jeden Abend im Bett warum. Denn einen Sinn kann er nicht finden. Auch seine Kumpels nicht, die er beim Fußball immer wieder fragt, wenn er am Stammtisch von den Anrufen erzählt. Er hat es eingestellt, denn inzwischen gucken ihn die Kumpels seltsam an, als würden sie ihn für einen Spinner halten. Aber die Frage bleibt. Warum?

Nach einem netten freien Abend hängt Kevin H. noch den Gedanken nach als ungefähr das 10. Gespräch heute Morgen rein kommt.

„Guten Tag, die BTZ, mein Name ist Kevin, was kann ich tun?"

„Hey, na Kevin, hier ist der Hartmut."

Kevin H. hasste diese amerikanische Variante mit Fremden auf Du zu sein. Es machte es für die Kunden noch leichter unverschämt zu sein, dachte er immer, aber Hartmut klang nett.
„Hallo Hartmut, was möchtest Du buchen?"
„Ich hätte gern zwei Karten für Pavarotti."

„Ja, kleinen Moment, da schaue ich gleich einmal nach. Welches Datum?"

„3. Juli, gern abends."

„Hm,….ja….da sind noch Karten und auch in allen Kategorien."

„Dann nehme ich gern Karten hinter der Bühne."

Hatte Kevin H. sich verhört oder war es tatsächlich wahr. Hinter der Bühne? Wie soll das denn gehen? In den Kulissen oder oben beim Beleuchter, hätte er gern im Scherz gefragt.

„Entschuldige Hartmut, sagtest Du hinter der Bühne?"

„Ja."

„Äh, das wird schwierig, da ja hinter der Bühne die Kulissen sind, sowie die Techniker, Garderoben etc. Da würdest Du ja auch nichts sehen können."

„Ach, mir reicht es ihn einfach live zu hören! Dafür kann es ruhig etwas teurer sein."

Wieder musste Kevin H. einen Menschen, den er nicht kannte enttäuschen. Dieses Schicksal gehörte zum Job eines Dienstleisters, der nur ein festes Spektrum an Waren vermitteln kann. Hoffentlich würde ihm der liebe Gott das am Tag des Jüngsten Gerichts später verzeihen.

„Also, hinter der Bühne gibt es definitiv keine Karten. Aber das ist nicht nur bei Pavarotti so. Sondern in ganz Deutschland gang und gebe. Und Hörplätze im Saal sind immer am günstigsten, da es ja bei jedem Kunstgenuss auch darum geht dem Künstler bei seinem Auftritt zuzusehen. Aber im Schlosstheater gibt es keine Hörplätze. Tut mir leid!"

„Hm, wie schade. Ok, dann nehme ich aber Plätze, bei denen ich so sitze, dass mir die untergehende Sonne nicht ins Gesicht scheint."

Blinzeln und die Stirn runzeln war jetzt das einzige was Kevin H. hinbekam. Der Rest war geschockt. Wie soll jemandem im Theater die untergehende Sonne ins Gesicht scheinen, wenn alles dunkel ist und nur die Bühne in hellem Licht der Scheinwerfer erstrahlt? Dachte er das Dach wird aufgefahren oder tatsächlich, dass Pavarotti vor dem Schlosstheater im freien den Othello usw. schmetterte?

Es war für Kevin H. noch kein Licht am Ende des Bestellungstunnels zu sehen, aber war jetzt in der Lage wieder zu sprechen.

„Tja Hartmut, es tut mir leid Dich erneut enttäuschen zu müssen, aber Pavarotti wird definitiv drinnen im Theater seine Kunst zum Besten geben und da wirst Du nicht mit dem Sonnenlicht zu kämpfen haben, egal wo Du sitzt. Ich würde Dir Block B vorschlagen. Der Block ist mittig, nicht zu weit vorn, aber auch nicht so weit hinten, sodass Pavarotti Dir wie ein Zinnsoldat vorkommt. Und das Beste ist man hat im Block freie Platzwahl. Wer also früh da ist sitzt für den Preis echt optimal."

„Ja gut, das klingt wirklich vernünftig. Dann nehme ich Reihe 7."

Was an freie Platzwahl hatte Kevin H. jetzt nicht richtig betont oder weggelassen? Er verstand diesen Hartmut nicht. Wollte er ihn veralbern oder waren es eventuell Kollegen mit verstellter Stimme? Er fasste es nicht.

„Hartmut, freie Platzwahl bedeutet, dass ich nicht im Buchungsvorgang irgendeinen Platz festhalten kann, sondern nur den Block, in dem Du sitzen würdest."

„Oh, verstehe. Gut, dann sind wir einfach früh da. Auch wenn ich noch nicht weiß, wann das Schiff ankommt und wie weit es vom Anleger dann zum Theater ist."

Anleger? Was für ein Anleger? Das Theater lag mitten im Herzen der Großstadt B. und da war weit und breit kein Anleger. Es gibt ja nicht mal einen Fluss oder so.

„Was für einen Anleger meinst Du da?"

„Na, wenn wir in Helgoland ankommen müssen wir ja noch zum Theater laufen oder darf man inzwischen Taxi fahren?"

Jetzt schloss sich der Kreis der verbrannten Lebenszeit von Kevin H. endlich. Hartmut dachte er ist in der Tourismuszentrale von Helgoland gelandet. Aber singt ein Star wie Pavarotti wirklich auf einer so kleinen Butterfahrtsinsel für Senioren?
Aber hier ist nicht Helgoland Hartmut, sondern hier ist die BTZ in B. und wir sind definitiv keine Insel."
„Was? Aber ich habe doch extra in Helgoland angerufen."
„Anscheinend hast Du eine falsche Nummer gewählt."
Nein, nein. Die stand auf dem Plakat mit der Konzertankündigung. Habe mir das ja extra aus dem Bus heraus notiert."
Ich glaube eher der Bus hat Dich dabei gestreift oder der Krawattenknoten saß zu eng, wollte Kevin H. kontern, berief sich aber auf seine Berufsehre.
„Soll ich mal nachsehen, ob Pavarotti da wirklich läuft?"
„Nee, lass mal. Du hast mir ja auch so nicht helfen können, wer weiß was dann herauskommt. Schönen Tag noch!"
Bingo! Und wieder war es Kevin H. der alles falsch gemacht hatte. Natürlich, wie konnte er auch nicht in seiner Glaskugel sehen, dass Helgoland auf der Fragekarte des Lebens von Hartmut stand.

Trotzdem stellte er sich kurz auf Pause im Telefon und sah im Internet nach. Und Tatsache, es gab auf Helgoland bis Ende nächsten Jahres kein Pavarotti Konzert. Allerdings im Legoland einen Pavarotti-Immitations-Wettbewerb und auf Helgoland ein Ballett mit der Pavlova. Egal, Hartmut würde schon irgendetwas sehen oder besser hören. denn sehen wollte er ja nix.

Ob Helgoland ein generelles Problem für einige Touristen ist, weiß Petra S. aus F. nicht zu beantworten, aber sie erinnert sich an einen Kunden in ihrer Telefonberater Karriere, der sie fragte wie er denn mit dem Caravan am besten dorthin kommen würde. Es dauerte einige Zeit bis er einsah, dass Petra S. Recht hatte mit ihrer Behauptung Helgoland sei kein Land, sondern eine Insel. Danach war er zwar einsichtig, aber beleidigt, dass diese für ihn wichtige Information nur so spärlich in den Reisebüro Katalogen zu finden sei. Petra S. hatte in ihrer Fürsorge ein paar Exemplare gegriffen, die zur freien Verfügung im Büro lagen und immer wieder sofort auf den ersten Fotos erkennen können, dass die abgebildete Insel auch eine solche war. Der Kunde hingegen fand sie belehrend.

Andere Kunden von Petra S. hatten da allerdings eher Probleme mit Zeitangaben und deren Bedeutung.
Ein Kunde, der Karten für ein Musical erstehen wollte, fragte sie, warum die Nachmittagskarten der 15.00 h Vorstellung billiger seien. Sieht man dann weniger vom Programm war seine ergänzende Frage. Als Petra S. das verneinte, weil es ja auch keinen Sinn machen würde ein Musical mitten im Lied abzubrechen, sich zu verneigen und das Ende offen zu lassen, war er skeptisch. Die Begründung, dass Abendkarten teurer waren wegen der hohen Nachfrage und da nachmittags ja auch viele Familien gingen wegen der Kinder, sagte er dann, dass er keine Kinder habe, diese auch nicht möge und sich doch interessiere für eine Vorstellung am Nachmittag. Dass er nicht das Maß aller Musicaldinge war, hätte sie ihm gern mit auf den Weg gegeben, es blieb ihr aber nur der Versuch ihn zum Kauf zu bewegen. Er lehnte dieses ab, da er immer noch das Gefühl hatte nachmittags zweitklassige Qualität zu bekommen.
Ein anderer Kunde war da offener bezüglich der Kauflust, aber er war besorgt wegen des Titels der Veranstaltung. Das Stück hieß „Der 24-Stunden-Imbiss auf dem Kiez" und seine Sorge war, dass dieses Stück 24 Stunden aufgeführt würde. Nach

einem erstickten Lacher von Petra S. versicherte diese ihm, dass es nur ein Titel sei und der Imbiss im Stück 24-Stunden geöffnet sei. Richtig beruhigt wirkte er erst als Petra S. ihm vorrechnete, dass laut Katalog in den kommenden 24 Stunden des Wochenendes insgesamt drei Veranstaltungen vorgesehen waren. Also konnte nicht eine 24 Stunden dauern, zumal Spielzeit zweimal 45 Minuten war. Der Kunde kaufte und legte tatsächlich beruhigt auf. Petra S. war zufrieden. Das gab es immer seltener, aber es kam vor und motivierte sie.

Schlusswort

Mit einem Zitat einer Begrüßung einer Kundin von Vera E. aus D. möchte dieses Buch darauf verweisen, dass Dienstleistung nur gelebt werden kann, wenn beide Seiten der Medaille mitspielen. Ja auch Du lieber Kunde!

„Jeder friedvolle Gedanke ist ein Schritt zum Weltfrieden. Guten Tag!"

ENDE